Inhaltsverzeichnis

Vorwort	6
Material	8

In der Natur — 14

Picknick	16
Zitronenlimonade	18
Aprikosen-Chutney	20
Apfel-Rosinen-Muffins	22
Picknick-Quilt	24
Riesen-Granny-Blanket	28

Zitronenlimonade, Seite 18

Naschkatzen zu Tisch — 32

Sweet Table	34
Waffeln	36
Milchflaschen	38
Dekostäbchen	39
Pompons	40
Apfel-Cranberry-Cookies	42
Zwetschgenmarmelade	44
Körbchen aus Häkeldeckchen	46
Zitronenkuchen	50
Kleine Schokoladentorte	52
Minigirlande	54

Zitronenkuchen, Seite 50

Dekorativ und nützlich — 56

Wimpelkette	58
Untersetzer aus Holzperlen	62
Rollmäppchen	64
Stricknadeln	70
Zitronenmelisse-Tee	74
Einkaufskorb	76

Köstliches aus der Speisekammer — 82

Getrocknete Apfelringe	84
Frittierte Apfelringe	86
Stempel schnitzen	88
Frischkäse	90
Käse formen	92
Ziegenkäsebällchen	94
Gewürzter Frischkäse	96
Joghurt	98

Untersetzer, Seite 62

Granny-Blanket, Seite 28

Picknick-Quilt, Seite 24

Einkaufskorb, Seite 76

Wimpelkette, Seite 58

Stempel schnitzen, Seite 88

Waffeln, Seite 36

Ziegenkäsebällchen, Seite 94

Zitronenmelisse-Tee, Seite 74

Joghurt, Seite 98

∼ INHALTSVERZEICHNIS ∼ 3

Abenteuerzeit — 100
- Der erste Frühlingsausflug — 102
- Thermoskanne — 104
- Kleine Sitzauflagen — 106
- Sitzpolster — 108
- Sommerquilt — 110
- Zauberpflaster — 114
- Zauberzucker — 118

Zur Ruhe kommen — 120
- Leseecke — 122
- Rotkäppchendecke — 124
- Honig-Cookies — 132
- Teppich aus Stoffstreifen — 134
- Babydecke — 138
- Granny-Ripple-Kissen — 142

Rein und Fein — 146
- Gehäkelte Spitze — 148
- Besticktes Handtuch — 152
- Hocker-Legwarmies — 154
- Bänkchen-Cover — 158
- Wäscheleine — 162
- Wäscheklammerbeutel — 166
- Bestickte Geschirrtücher — 170

Wenn Kinder und Feen feiern — 174
- Papierlampions — 176
- Sommerfest — 180
- Platzsets — 182
- Paper Globes — 186
- Feennacht — 188

Danksagung — 190

Thermoskanne, Seite 104

Zauberzucker, Seite 118

Honig-Cookies, Seite 132

Sommerquilt, Seite 110

Bänkchen-Cover, Seite 158

Granny-Ripple-Kissen, Seite 142

Papierlampions, Seite 176

Paper Globes, Seite 186

Klammerbeutel, Seite 166

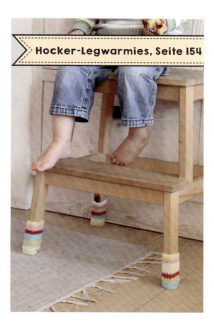
Hocker-Legwarmies, Seite 154

Platzsets, Seite 182

Gehäkelte Spitze, Seite 148

∽ INHALTSVERZEICHNIS ∽ 5

Vorwort

In unserem Haus, im Schatten eines großen Walnussbaums und inmitten eines Gartens, leben wir mit unseren drei Kindern, Hühnern, Hasen, zwei Katzen und einem Hund. Hier nähe, stricke, häkle und sticke ich viele wunderschöne Dinge für meine Familie und unser Zuhause. Mein Mann baut dazu die schönsten Möbel und die gemütlichste Küche, in der ich auf dem Holzofen Marmelade einkoche und Kuchen backe. Gemeinsam schaffen wir mit unseren Händen Erinnerungen und verwirklichen Träume.
Unser Leben mit Tieren und Handarbeiten teile ich auf meinem Blog mit der ganzen Welt und heute auch mit dir in diesem Buch. Ich freue mich, dass du es in die Hand genommen hast. Über ein Jahr hinweg habe ich viele kleinere und größere Projekte zusammengestellt, die ich hier mit dir teilen möchte. Komm einfach mit mir mit und verbringe eine schöne Zeit auf dem Land. Lass dich inspirieren und fülle auch dein Zuhause mit Erinnerungen und Träumen.

Alles Liebe wünscht dir

deine epipa

Material

Für das Nacharbeiten der Anleitungen und Rezepte in diesem Buch brauchst du eigentlich nicht mehr, als in jedem normalen Haushalt zu finden ist. Dennoch möchte ich hier einige Dinge vorab auflisten, die zur Hand sein sollten oder auch wiederholt vorkommen.

In der Küche

Ich backe mit einem Heißluftofen und gebe die Backtemperaturen für diesen an. Ich benutze für die Rezepte dieses Buchs spezielle Einweckgläser, sowie herkömmliche Schraubgläser.

> Rührschüsseln
>
> Küchenmixer oder Schneebesen bzw. Rührlöffel
>
> Topf und Pfanne
>
> Backformen (z.B. Springform, Muffin-Blech) und Backpapier
>
> luftdicht verschließbare Gläser und Dosen für die Aufbewahrung

Für's Häkeln

Ich häkle am liebsten mit Garn aus reiner Baumwolle. Sie ist strapazierfähig, lässt sich gut waschen und behält die Form.

Pflege:
Damit du noch lange Freude an deiner Arbeit hast, beachte die Herstellerhinweise auf der Banderole deines Garns. Ein paar eigene Erfahrungen möchte ich dir zusätzlich mit auf den Weg geben: *das Häkelstück mit Feinwaschmittel waschen, nicht im Trockner trocknen, feucht in Form ziehen und liegend trocknen.*

Meine Lieblingsmarken für größere Projekte: *die Garne der Pflanzenfärberei Kroll sowie Linea Pura Organico von Lana Grossa – im Fachhandel und Online erhältlich.*

Und du wirst zusätzlich Häkelnadeln in unterschiedlichen Stärken brauchen, jeweils passend zu dem von dir verwendeten Garn.

Häkelabkürzungen

Abn	Abnahme	M	Masche
anschl	anschlagen	R	Reihe
dStb	Doppelstäbchen	Rd	Runde
fM	feste Masche	Stb	Stäbchen
hStb	halbe Stäbchen	Zun	Zunahme
Km	Kettmasche	zus abm	zusammen abmaschen
Lm	Luftmasche		

Im Nähkästchen

Die unten aufgelisteten Utensilien wirst du immer wieder brauchen. Außerdem sollten Nähmaschine und Bügeleisen bzw. Bügelstation bereitstehen.
Für dieses Buch habe ich mit Anchor Sticktwist von Coats gearbeitet.

- Stick-, Stopf-, Woll- und Nähnadeln in verschiedenen Stärken
- Stoff- und Stickschere Stick- und Nähgarne in unterschiedlichen Farben
- Maßband
- Steck- und Sicherheitsnadeln
- Wendestäbchen

Patchwork

Folgende praktische Hilfsmittel für das Zuschneiden und Vernähen kleinerer Stoffstücke habe ich in den Anleitungen jeweils als „Patchwork-Set" zusammengefasst:

- Rollschneider, Cutter oder Skalpell für's Zuschneiden
- Schneidematte zum Unterlegen
- Patchwork-Lineal (das ist nicht zwingend notwendig, aber einmal verwendet, nimmt man nichts anderes mehr)

Jelly Roll

Eine Jelly Roll ist eine Sammlung verschiedener, fertig in Streifen (z. B. ca. 6,5 x 110 cm) zugeschnittener Stoffmuster einer Kollektion. Der Vorteil ist, dass sie die Arbeit erleichtern, da die Streifen sofort vernäht werden können und umständliches Abmessen und Zuschneiden am heimischen Küchentisch entfällt. Ich nehme sie gern zum Säumen von Patchworkarbeiten oder für andere kleinere Nähprojekte, wie z. B. das Rollmäppchen. Sie können aber auch als Streifen zu ganzen Decken zusammengenäht werden.

Stoffe

Die verwendeten Stoffe der in diesem Buch gezeigten Projekte stammen zum Teil vom Flohmarkt oder sind bereits gebrauchte Textilien. Einige fand ich in meinem Stofffundus.
Meine Lieblingsshops für Stoffe:

Frau Tulpe – www.frautulpe.de
Hier finde ich eine große Auswahl ausgefallener Designs.

Charlottas – www.charlottas.de
Hier finde ich Blümchen, Pünktchen, Vichy und vieles mehr.

Diese Stoffe finden sich in den Sitzpolstern, den Platzsets und dem Quilt aus einer alten Krabbeldecke.

Für's Basteln

Ich liebe es, wenn man aus ganz alltäglichen Dingen etwas schönes Neues herstellt. Diese Materialien sollten auf jeden Fall vorhanden sein:

Schere und Cutter

Sekundenkleber

Holzleim

Masking Tape

Linolschnitt-Werkzeug (bekommt man im Bastelbedarf)

weicher Bleistift

In der Natur

Picknick

Wir lieben es, uns im Freien aufzuhalten. Und wir lieben Picknicks. Wann immer es uns möglich ist, unternehmen wir mit den Kindern Spaziergänge in Wald und Wiesen oder an den See. Je nachdem, wie lange unser Ausflug dauern soll, packe ich gern eine Kleinigkeit zu essen ein.

Kinder können an frischer Luft praktisch immer essen. Manchmal – wenn ich am Tag vorher auf den Wetterbericht geachtet habe – übertreibe ich gern etwas und bereite ein opulentes Picknick mit vielen leckeren Kleinigkeiten vor.

An einem schönen Sonntagnachmittag im August, die Bauern hatten ringsum damit begonnen, die Kornfelder abzumähen, beschlossen wir, ein Picknick auf dem Stoppelfeld zu machen. Jedes Jahr warte ich auf den Tag, an dem sich wogende Kornfelder in die ersten herrlich goldenen Stoppelfelder verwandeln. Man hat nicht allzu lange Zeit, dieses Gold zu genießen, denn zu bald wird es untergepflügt.

An jenem Nachmittag funktionierten wir meinen selbst genähten Bettdecken-Quilt zu einer Picknickdecke um, nahmen ein paar Kissen mit und machten uns auf den Weg. Jeder half etwas tragen, und als wir einen schönen Platz gefunden hatten, machten wir es uns gemütlich.

Meine Tochter hatte sich Bücher aus meiner Flohmarktsammlung mitgenommen, der Kleinste knabberte an einem Apfel, über uns schien die Sonne vom weiß-blauen Himmel, und wir genossen den warmen Wind in unseren Gesichtern, die Aussicht auf die Berge und die leckeren Kleinigkeiten, die wir uns mitgebracht hatten. Neben einigen Mini-Aufbacksemmeln hatte ich etwas Obst und Käse einpackt. Alle anderen Dinge hatten bereits fertig in der Speisekammer auf diesen Tag gewartet oder waren in kurzer Zeit vorbereitet worden. (Mit einem Baby bzw. Kleinkind im Haus bin ich auf „kurze Zeiten" geradezu spezialisiert.)

Das Häkelkissen mit Chevron-Muster findest du auf Seite 142. Babydecke und passendes Kissen aus meinen Lieblings-Granny-Squares auf Seite 138.

Zitronenlimonade

Man nehme für 1 Liter Limonade:

1 leere Flasche (1 Liter)

Trichter

Saft von 3 Zitronen

1 Flasche (0,7 l) gekühltes Mineralwasser

½ Kaffeetasse Agavendicksaft (oder Rohrohrzucker)

ein paar Blätter Zitronenmelisse aus dem Garten

UND SO EINFACH GEHT'S:

1. Fülle den Zitronensaft und den Agavendicksaft bzw. den Zucker mittels eines Trichters in eine 1-Liter-Flasche. Zum Süßen verwende ich auf 1 Liter Wasser circa eine halbe Kaffeetasse (keinen Kaffeebecher) Agavendicksaft. Doch du kannst Zitronensaft und Süße ganz nach deinem persönlichen Geschmack mischen. Probiere einfach ein wenig herum, bis du das passende Mischungsverhältnis gefunden hast.

2. Gieße mit dem Mineralwasser auf. Der Zucker braucht unter Umständen etwas, bis er sich vollständig aufgelöst hat. Zum Schluss noch die gewaschenen und trockengeschüttelten Melisseblätter dazugeben.

Mein Tipp: Solltest du keinen Garten haben, kannst du Zitronenmelisse auch auf der Fensterbank ziehen.

Du magst Zitronen? Wie wäre es mit dem Zitronenkuchen von Seite 50?

mixen Zitronen-limonade

Aprikosen-Chutney

*Man nehme
für 4 kleine Gläser à 100 ml:*

350 g Aprikosen

2 kleine Zwiebeln

Saft einer ½ Zitrone

50 g Rohrohrzucker

3 EL Weißweinessig

3 EL Wasser

200 g Gelierzucker 2:1

UND SO EINFACH GEHT'S:

1. Die Aprikosen waschen, entsteinen und in schmale Spalten schneiden. Die Zwiebeln würfeln.

2. Alle Zutaten bis auf den Gelierzucker in einen Topf geben und unter Rühren aufkochen lassen. Die Hitze etwas reduzieren und das Ganze ca. 10 Minuten köcheln lassen.

3. Nun den Gelierzucker einrühren und unter ständigem Rühren nochmals für ca. 4 Minuten köcheln lassen (Packungsanweisung Gelierzucker beachten).

4. Das Chutney in saubere, heiß ausgespülte Gläser füllen, verschließen und auskühlen lassen.

5. Gläser, die kein Vakuum gezogen haben, rasch verbrauchen und im Kühlschrank lagern. Gläser mit Vakuum halten sich kühl und dunkel gelagert mehrere Wochen.

Mein Tipp: Das Chutney schmeckt himmlisch zu gegrilltem Geflügel, reifem, herb duftendem Käse und leichten Gerichten mit asiatischem Touch.

kochen — Aprikosen-Chutney

Apfel-Rosinen-Muffins

Man nehme für 12 Muffins:

2 Äpfel

2 verquirlte Eier

125 g Zucker

125 g Margarine

2 EL Milch

125 g Mehl

2 TL Backpulver

1–2 Handvoll Rosinen

Puderzucker

UND SO EINFACH GEHT'S:

1. Den Backofen auf 180 °C vorheizen.
2. Die Äpfel schälen und in ganz kleine Würfel schneiden.
3. Eier, Zucker, Margarine und Milch in einer Schüssel verrühren, bis sich der Zucker gelöst hat. Mehl und Backpulver dazusieben und zuerst auf niedrigster, später auf höchster Stufe zu einem glatten Teig verrühren.
4. Rosinen und Apfelstückchen zugeben und mit einem Kochlöffel gut untermischen.
5. Ein Muffinblech mit Papierbackförmchen auskleiden und diese zu ²/₃ mit Teig befüllen. Für unser Picknick habe ich anstelle des Muffinblechs und der Papierförmchen kleine Einweckgläser als Formen verwendet. Sie werden vor dem Backen mit Margarine gut eingefettet und ebenfalls zu ²/₃ befüllt.
6. Im Backofen bei 175 °C 20–25 Minuten goldbraun backen.
7. Nach dem Backen ca. 10 Minuten erkalten lassen und herausnehmen. Die Gläser spülen, gut abtrocknen und die Muffins wieder hineingeben. Mit Puderzucker bestäuben, mit einer Schleife verzieren und schon sind sie bereit für das Picknick.

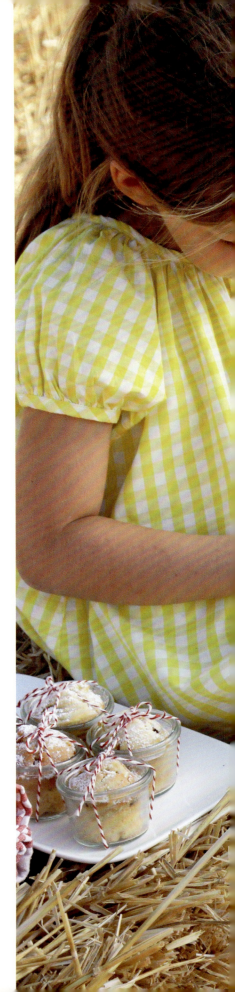

backen
Apfel-Rosinen-Muffins

Picknick-Quilt

~·~

Eines Tages fand ich auf dem Flohmarkt einen wunderschönen alten Bettbezug, den ich für kleines Geld mitnahm. Wieder daheim steckte ich ihn erst einmal in die Waschmaschine und anschließend in mein Schränkchen für gebrauchte Stoffe.

~·~

Der Bezug lag dann eine ganze Weile im Schränkchen. Wann immer ich etwas daraus nähen wollte, entschied ich mich letztendlich doch wieder dagegen. Mal passte das Muster nicht, mal das Projekt. Aber das machte mir nichts aus. Ich arbeite schon lange genug mit gebrauchten Materialien, sodass ich zuversichtlich war, dass die Zeit dieses Bezuges irgendwann kommen würde.

Einmal im Sommer, wir waren zum Picknick am See mit Kieselstrand, dachte ich mir, es wäre doch wirklich schön, eine Picknickdecke zu haben, die so dick ist, dass man bequem darauf sitzen kann, ohne jeden einzelnen Kiesel in Form und Größe hindurch zu spüren. Wir hatten bereits eine gekaufte, dünne Picknickdecke mit Isolierschicht, die zwar leicht zu transportieren, aber nicht wirklich sehr bequem war. Besonders nicht für unseren Jüngsten, wenn er ein Nickerchen machen wollte.

Also begab ich mich daheim in mein Nähzimmer und durchforstete meine Schränke und Regale. Ich probierte mit den verschiedenen Stoffen herum. Auch der alte Bettbezug fiel mir wieder ein, und ich war froh, dass ich ihn so lange aufgespart hatte. Es war auch noch dickes Volumenvlies übrig, doch das erwies sich bei näherer Betrachtung als ebenso dünn wie die gekaufte Picknickdecke und schied für diese Zwecke aus. Ich überlegte, wie ich das Problem wohl am besten lösen könnte.

Ein paar Tage später kam die Lösung von ganz allein. Meine Tochter brachte mir ihre Bettdecke, die an der Seitennaht mit der Zeit dünn geworden und schließlich ausgerissen war. Das war also mein „Volumenvlies"! Schön dick, schon tausendmal gewaschen, unempfindlich und im familientauglichen Format. Sollte der Untergrund doch einmal feucht sein, lege ich einfach die gekaufte Isolierdecke unter und fertig ist ein gemütlicher Platz für Picknicks und Mittagsschläfchen. Der Vorteil dieser Version einer Picknickdecke ist, dass beide Stoffe auch Maschinenwäsche bei höheren Temperaturen vertragen. Weil sie schon oft gewaschen wurden, läuft garantiert nichts mehr ein.

Auch außerhalb der Saison ist unsere Picknickdecke in Gebrauch. Sie diente uns früher als Krabbeldecke für unseren Kleinsten und heute als Kuscheldecke, wenn es kühl ist, als Trostdecke, wenn eines der Kinder krank ist, und als Höhle, über den Esstisch gelegt.

nähen Picknick-Quilt

MATERIAL UND ZUBEHÖR:

Bettbezug

dazu passende alte Bettdecke

Nähkästchen

Nähmaschine

UND SO EINFACH GEHT'S:

1. Zuerst wird die Bettdecke bezogen. Ist der Bezug breiter als die Decke, trennst du ihn an einer Seitennaht auf, kürzt den Stoff auf das Maß der Decke plus Nahtzugabe und schlägst ihn anschließend um den Rand der Decke ein. Entferne die Knopfleiste und kürze, wenn nötig, den unteren Teil des Bezugs, um auch hier den Stoff umschlagen und die Decke sauber einnähen zu können.

2. Anschließend fixierst du alle offenen Kanten mit Stecknadeln.

3. Damit Decke und Stoff eine Einheit bilden und später nichts verrutscht, nähst du in regelmäßigen Abständen (ca. alle 10 cm, oder zum Muster passend) alle Schichten mit einem Stich, den du auf der Oberseite verknotest, zusammen.

4. Ich habe rundherum über drei Reihen vom äußeren Rand zur Mitte hin die drei Schichten unseres Picknick-Quilts mit Knoten fixiert.

5. Danach nähst du die mit Stecknadeln fixierte Seiten- und Unterkante mit einem Matratzenstich zusammen. Das heißt, du durchstichst abwechselnd die Kante der untersten und dann der obersten Schicht, führst beim Einstechen aber die Nadel ein Stück gegen die Nahtrichtung zurück. Wer sicher gehen will, zieht mit der Nähmaschine noch zusätzliche Steppnähte ein, die alle Teile fest miteinander verbinden.

Mein Tipp:

Sollte der Untergrund doch einmal feucht sein, lege ich einfach die gekaufte Isolierdecke unter.

PICKNICK-QUILT ~ 27

Riesen-Granny-Blanket

Kissen sind eine wunderbare Möglichkeit, mit wenig Zeit- und Materialaufwand in Kürze das Gesicht eines Raumes zu verändern, finde ich. Ein Granny Square ist im Handumdrehen gehäkelt und die Rückseite schnell angenäht, sodass man innerhalb von zwei, drei Abenden ein Kissen fertigstellen kann.

Ein solches Schnell-gemacht-Kissen wollte ich eines Tages wieder einmal häkeln. Ich hatte verschiedene Garnreste herausgesucht und kurzerhand begonnen. Eine verwaiste Kissenfüllung lag ebenfalls parat und ich war schnell bei den passenden Maßen angekommen ... und konnte einfach nicht aufhören.

Ich häkelte auf dem Sofa, wenn ich im Auto auf die Kinder wartete (Mütter warten nämlich viel im Auto auf ihre Kinder, stellte ich fest), neben dem Sandkasten, auf der Terrasse, als die großen Kinder Steine bemalten und das Kleinste Kind sich selbst – einfach immer dann, wenn der Moment ein paar schnelle Runden ermöglichte. Mit der Zeit dauert es natürlich etwas, bis man eine Runde abgeschlossen hat. Das Granny Square gewinnt immer mehr an Umfang. Ein paar flinke Maschen sind aber immer drin.

Das Schöne an dieser Art des Häkelns ist, das man recht schnell ein deckenähnliches Format erreicht. Mit 90 × 90 cm hat man bereits eine Babydecke bzw. eine Kniedecke für Kinder. Ich häkle an dieser Decke immer wieder mal eine Runde an, bis sie eines Tages für mich selbst reicht.

Ich habe mir dafür das leichteste aller Granny-Square-Muster ausgesucht, das ausschließlich aus Stäbchen und Luftmaschen gearbeitet wird. Die Stäbchen werden in die Zwischenräume gehäkelt, die durch die Luftmaschen in der Vorrunde entstehen.

Die ersten beiden Runden unterscheiden sich von den folgenden. Erst ab Runde 3 wird immer in derselben Art und Weise gehäkelt, bis das Projekt die gewünschte Größe erreicht hat.

häkeln **Riesen-Granny-Blanket**

MATERIAL UND ZUBEHÖR:

Häkelnadel 4,0

Baumwollgarn in unterschiedlichen Farben.

Für eine Decke mit den Maßen 90 × 90 cm habe ich ca. 550 g Garn verbraucht.

Zu Beginn einer jeden neuen Rd häkle 3 Lm (= Steigeluftmaschen entspricht 1 Stb) und 2 Stb. In den Ecken werden in jeder Rd die M verdoppelt, d. h. in einen Zwischenraum werden 2, durch 2 Lm getrennte Stb-Trios gehäkelt. In alle übrigen M-Zwischenräume wird dagegen nur je ein Stb-Trio gehäkelt. Wobei die erste Ecke jeder Rd nur zur Hälfte gearbeitet und erst am Rd-Ende vollendet wird.

UND SO EINFACH GEHT'S:

1 Du beginnst mit 8 Lm und schließt sie mit 1 Km zum Ring.

2 **Rd 1:** Häkle die Steige-Lm und 2 Std, 2 Lm, 3 Stb, 2 Lm, 3 Stb, 2 Lm, 3 Stb, 1 Lm, Runde mit 1 Km schließen, diese in Anfangs-Lm einstechen. Faden abschneiden, Ende durch die letzte M durchziehen. Diese Fadenenden werden nach Vollendung der Decke vernäht.

3 **Rd 2:** Jetzt werden die Ecken festgelegt, die sich über die ganze Häkelarbeit fortsetzen. In einen Zwischenraum häkelst du also die Steige-Lm und 2 Stb. Häkle 2 Lm und in den nächsten Zwischenraum *3 Stb, 2 Lm, 3 Stb* (= 1 Ecke) und fahre so über die ganze Runde fort. Die Rd endet mit 3 Stb im 1. Zwischenraum und 1 Lm sowie einer Km zum Rd-Schluss.

4 **Rd 3:** Du beginnst wieder mit den Steige-Lm und 2 Stb. Weiter geht es mit 2 Lm und 3 Stb in den folgenden Zwischenraum. Häkle wieder 2 Lm und arbeite die folgende Ecke wie gewohnt. Über die weiteren Rd ebenso verfahren.

5 **Rd 4:** Beginne in der Ecke und häkle wie in Rd 3, mit der Ausnahme, dass die Zwischenräume, die keine Ecke bilden, mit nur 1 Stb-Trio gehäkelt werden. Verfahre weiter wie bisher. Ab jetzt kannst du unendlich weitermachen. Wenn die Decke die von dir gewünschte Größe erreicht hat, werden die Fäden auf der Rückseite vernäht.

Mein Tipp:

Da ab Rd 4 unendlich weiter gehäkelt werden kann, eignet sich die Decke wunderbar, um ständig weiterzuhäkeln. Sie wird so immer größer und kuscheliger.

RIESEN-GRANNY-BLANKET

Naschkatzen zu Tisch

Sweet Table

Ein Sweet Table ist ein Verwandlungskünstler. Er kann auf charmante Weise den Sonntagnachmittags-Kaffee verschönern oder bei größeren Anlässen für festliches Flair sorgen. Etwas Masking-Tape hier, etwas Spitze dort, eine Wimpelkette, eine Vase voll duftender Blumen – schon zauberst du einen kleinen, feinen Sweet Table. Opulenter und festlicher wird es in Gold- und Silbertönen, mit Perlen und zartrosa Ranunkeln oder Rosen. Im Herbst und Winter dürfen Dekorationen aus der Natur, etwa Blätter und trockene Zweige, die Jahreszeit sanft unterstreichen. Im Frühling und Sommer geben Blumen und Wimpelketten den typisch leichten Lebensstil dieser Jahreszeiten wieder. Ganz gleich, für welche Art eines Sweet Table du dich entscheidest, deine Wahl wird dem Anlass sicher eine liebevolle Note geben.

Ideen für Sweet Tables findest du auf den folgenden Seiten sowie auf Seite 132 und 180.

Zarter Frühlings-Sweet-Table

Leider haben es Waffeleisen so an sich, dass man sie – ähnlich wie Raclettegrills – viel zu selten aus dem Regal holt, um ihrem vor sich hin dämmernden Dasein wieder einen Sinn zu geben. Eines kühlen Sonntagnachmittags änderten wir das. Ich holte unser Waffeleisen hervor und rührte einen leckeren Teig an. Wir bastelten Dekoration für Milchfläschchen, Waffelstecker und Strohhalme mit fröhlichen Tapes und stellten Pompons her, während die Vorfreude wuchs und wuchs.

Herbstlicher Sweet Table

Äpfel haben wir immer reichlich im Haus. Aus ihnen bereite ich die feinsten Leckereien zu, frittierte Apfelringe (siehe Seite 86), getrocknete Apfelringe (siehe Seite 84), Apfel-Rosinen-Muffins (siehe Seite 22) oder Apfelkompott. Ganz vorne unter den Lieblingsnaschereien meiner Kinder rangieren meine Apfel-Cranberry-Cookies, auf die man so wunderbar ein Löffelchen selbst gemachte Zwetschgenmarmelade kleckern kann.

Waffeln

*Man nehme
für 12 Waffeln:*

100 g Butter	½ TL Backpulver
3 Eier	Puderzucker
250 ml Milch	Waffeleisen
250 g Mehl	

UND SO EINFACH GEHT'S:

1. Die Butter in einem Topf bei mittlerer Hitze schmelzen lassen.
2. Die Eier mit der Milch und der flüssigen Butter in einer Schüssel verquirlen.
3. Das mit dem Backpulver vermischte Mehl unter ständigem Rühren langsam einrieseln lassen, bis der Teig eine dickliche Konsistenz erreicht.
4. Das Waffeleisen nach Herstellerangabe vorheizen und die Waffeln bei mittlerer Hitze backen.
5. Die fertigen Waffeln auf einer Tortenplatte oder einem Teller stapeln und mit Puderzucker bestreuen.

Mein Tipp: In kleine Plastiktrinkbecher aus der Spirituosenabteilung des Supermarkts gieße ich etwas Ahornsirup, in die ich je ein Waffelherz stecke.

backen Waffeln

Milchflaschen

MATERIAL UND ZUBEHÖR:

kleine, leere Saftfläschchen   Masking Tape

Strohhalme

UND SO EINFACH GEHT'S:

Die Strohhalme mit der Schere auf die Größe der Fläschchen zurechtstutzen und mit Masking Tape verzieren. Dafür einfach ein ca. 6 cm langes Stück Klebeband um den Strohhalm falten, zusammendrücken und mit der Schere ein kleines Dreieck herausschneiden.

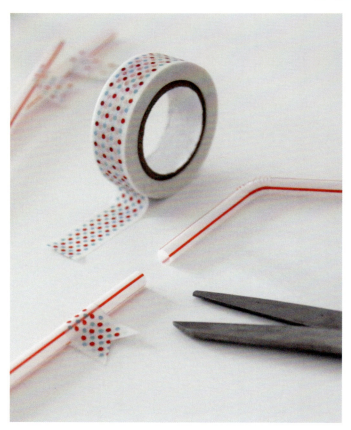

Dekostäbchen

MATERIAL UND ZUBEHÖR:

Holzstäbchen für Kaffee, wie man sie im Coffeeshop bekommt

Masking Tape

UND SO EINFACH GEHT'S:

Die Holzstäbchen mit andersfarbigem Tape auf die gleiche Weise verzieren wie die Strohhalme für die Milchflaschen.

Pompons

Die Größe der Pompons variiert mit dem Format des Papiers, es sollte jedoch mindestens DIN-A4-Format haben, um hängend gut zu wirken. Aber natürlich kann man auch aus kleineren Abschnitten schöne Pompons für Geschenke oder den Kaffeetisch machen.

MATERIAL UND ZUBEHÖR:

Seidenpapier   Nähgarn

UND SO EINFACH GEHT'S:

1. Das Seidenpapier in sechs Schichten aufeinander legen und nach Art einer Ziehharmonika falten.
2. Die Mitte bestimmen und mit etwas Nähgarn abbinden.
3. Beide Enden spitz zuschneiden.
4. Die einzelnen Schichten vorsichtig auseinanderziehen.
5. Zuletzt mit einem langen Stück Nähgarn die Aufhängung am Pompon befestigen. Wichtig bei Dekorationen: Am Schönsten wirken immer ungerade Anordnungen, d. h. zu dritt, fünft, neunt usw.

basteln Pompons

Mein Tipp:

Statt Seidenpapier im Bastelgeschäft zu kaufen, findet man es auch gratis im Haus. Die pink- und roséfarbenen Pompons auf diesen Seiten waren ursprünglich Verpackungspapier. Weißes Seidenpapier findet sich oft als Einlage in Kleidungsstücken. Ich liebe es, Gebrauchsgegenständen ein zweites Leben zu geben.

Apfel-Cranberry-Cookies

*Man nehme
für ca. 50 Stück:*

1 Apfel

200 g weiche Butter

100 g Zucker

3–4 EL Milch

1 Ei

50–80 g Ahornsirup, je nach Geschmack

1 Päckchen Vanillinzucker

300 g Mehl

1 TL Backpulver

100 g getrocknete Cranberries

Backpapier

UND SO EINFACH GEHT'S:

1. Den Apfel schälen und fein würfeln.
2. Butter mit Zucker, Milch, Ei, Sirup und Vanillinzucker verquirlen.
3. Mehl und Backpulver mischen und einrühren. Die Cranberries und Apfelstückchen mit einem Kochlöffel gleichmäßig unter den Teig heben.
4. Ein Backblech mit Backpapier auslegen und mit einem in Mehl getauchten Teelöffel kleine Teigportionen aufs Papier geben.
5. Im vorgeheizten Backofen bei 180 °C ca. 12–15 Minuten backen.
6. Die Cookies auf einem Gitter auskühlen lassen und luftdicht verschlossen aufbewahren.

backen **Apfel-Cranberry-Cookies**

Die weltbeste Zwetschgenmarmelade

Diese Marmelade war ein Unfall. Ursprünglich wollte ich Zwetschgensoße für Pfannkuchen machen. Doch entweder lag es an zu viel Gelierzucker oder zu wenig Flüssigkeit: Es wurde eine meiner besten, nein, die weltbeste Marmelade daraus.

Man nehme:

500 g Zwetschgen

1 kleines Stück Ingwer, ca. 3 cm

500 g Gelierzucker

1 Schuss Rotwein

1 Schuss Wasser

2 EL Zimt

Saft einer Zitrone

Einmachgläser

UND SO EINFACH GEHT'S:

1. Zwetschgen waschen, entsteinen und vierteln. Den Ingwer schälen und fein würfeln. Alles zusammen in einer großen Schüssel mit dem Gelierzucker über Nacht ziehen lassen.
2. Am nächsten Tag die Masse umrühren, den Rotwein und das Wasser zugießen und nach Packungsanleitung einkochen, dabei die restlichen Zutaten unter ständigem Rühren zugeben. Die Marmelade noch heiß in ausgekochte Gläser füllen, verschließen und an einem kühlen, dunklen Ort aufbewahren.

kochen Zwetschgenmarmelade

Körbchen aus Häkeldeckchen

Komplizierte Vorgänge und die Beschaffung ellenlanger Utensilien-Listen können einer Sache ihren Schwung nehmen. Ich mag es, einfach in die Speisekammer oder Handarbeitsecke zu gehen und sofort loszulegen.

Meine Oma war eine leidenschaftliche Deckchenhäklerin. Auf nahezu jedem Tischchen, Sideboard oder Regal lag eine ihrer Handarbeiten.
    Noch zu Lebzeiten schenkte sie mir einige davon, später habe ich viele geerbt. Doch als Teenager konnte ich dem nicht die Wertschätzung entgegen bringen, wie ich es als Erwachsene tue. Heute tut mir das leid. Ich habe die Deckchen aber alle über die Jahre aufgehoben und verteile sie inzwischen gern im Haus und überzuckere auf diese Weise das eine oder andere Eckchen mit einem Hauch Nostalgie.
    Da man aber nicht überall Deckchen auslegen kann, oder zumindest nicht in der Menge, in der ich sie besitze, überlegte ich, ob man sie nicht vielleicht auch anderweitig einsetzen könne. Ich liebe es, querzudenken und den Dingen eine Aufgabe zu geben, die sie ursprünglich gar nicht hatten.
    Eine wundervolle Art, Häkeldeckchen einen neuen Zweck zu verleihen, ist es, sie auf Kissen, Vorhänge, Taschen oder auch Kleidungsstücken zu applizieren. Da ich aber gern flexibel bleiben möchte, mache ich einfach kleine Körbchen aus ihnen. Alles, was man dafür braucht, hat man ohnehin im Haus.
    Wer keine Kiste voller Häkeldeckchen geschenkt bekommen oder geerbt hat, wird übrigens auch auf dem Flohmarkt fündig. Oder man häkelt einfach selbst welche, was allerdings etwas länger dauert.

basteln **Körbchen aus Häkeldeckchen**

MATERIAL UND ZUBEHÖR:

Häkeldeckchen

¾ Tasse Zucker

¼ Tasse Wasser

Frischhaltefolie

Salatschüssel

UND SO EINFACH GEHT'S:

1. ¼ Tasse Wasser in einem Topf auf dem Herd erwärmen. ¾ Tasse Zucker unterrühren. Das Zucker-Wasser-Gemisch aufkochen lassen und ca. 15 Minuten unter Rühren köcheln lassen, bis das Gemisch dickflüssig ist. Diesen Zuckersirup auf Körpertemperatur abkühlen lassen.

2. Das Häkeldeckchen eintauchen, auswringen und auf eine passend große Salatschüssel, die vorher mit Frischhaltefolie abgedeckt wurde, gleichmäßig auflegen. Mit den Händen faltenfrei ausstreifen.

3. Nun das Deckchen gut trocknen lassen, was 1–2 Tage in Anspruch nehmen kann, je nach Raumtemperatur und Luftfeuchte. Das vollständig trockene und formstabile Deckchen mitsamt der Frischhaltefolie abheben und diese abziehen. Das Häkelkörbchen ist fertig und bleibt stabil.

Mein Tipp:

Die Schale hält ihre Form, sollte aber nicht gedrückt oder geknickt werden. Braucht man das Häkelkörbchen als solches nicht mehr, so wird es nach einem Bad in der Waschmaschine im Handumdrehen wieder zu einem Deckchen.

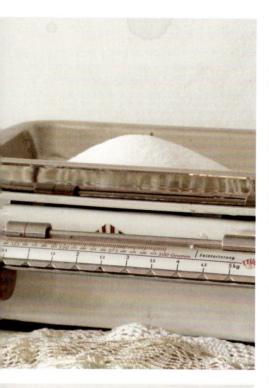

KÖRBCHEN AUS HÄKELDECKCHEN

Zitronenkuchen

Wenn wir diesen erfrischenden Kuchen zum Picknick mitnehmen, schneide ich ihn noch zuhause auf, lege zwischen die Stücke jeweils ein Blatt Butterbrotpapier und hebe ihn in die Form zurück.

Man nehme

für den Teig:

2 Zitronen

125 g Butter

3 Eier

6 EL Milch

130 g Zucker

250 g Mehl

2 ½ TL Backpulver

Kastenbackform

für den Guss:

100 g Puderzucker

2 EL Zitronensaft oder Wasser

UND SO EINFACH GEHT'S:

1. Eine Zitrone schälen und in Stückchen schneiden. Die Butter zwischenzeitlich bei mittlerer Hitze im Topf zergehen lassen. Die Eier mit der Milch und dem Zucker in einer Schüssel verquirlen. Die Butter einrühren und das mit dem Backpulver vermischte Mehl unter ständigem Rühren einrieseln lassen. Die Zitronenstückchen und den Saft der zweiten Zitrone dazugeben, jedoch zwei Esslöffel Saft für den Guss zurückbehalten.

2. Den Teig in eine normale Kastenkuchenform oder in drei Kinderformen füllen und bei 175 °C ca. 30–45 Minuten je Formgröße backen. Stäbchenprobe machen. Den fertigen Kuchen etwas abkühlen lassen, aus der Form stürzen und vollständig erkalten lassen.

3. Für den Guss den verbliebenen Zitronensaft in den Puderzucker einrühren, bis die Masse dickflüssig, aber nicht zäh ist. Ist der Guss zu trocken, etwas Wasser dazugeben. Ist der Guss zu flüssig, noch etwas Puderzucker einrühren. Den fertigen Zuckerguss mit einer Kuchengabel in Streifen quer über den Kuchen ziehen. Trocknen lassen und genießen.

backen Zitronenkuchen

Kleine Schokoladentorte

Man nehme

für den Teig:

125 g weiche Butter

6 EL Backkakao

3 Eier

½ Tasse Milch

2 Päckchen Vanillinzucker

1 Tasse Zucker

1 Tasse Mehl

2 ½ TL Backpulver

für die Füllung:

500 ml gekühlte Sahne

2 EL Backkakao

1 EL Zucker

Kuchendraht

Tortenring

(1 Tasse entspricht 280 ml bzw. 250 g)

UND SO EINFACH GEHT'S:

1. Die Butter bei mittlerer Hitze im Topf zergehen lassen. In die flüssige Butter den Kakao einrühren und beiseite stellen. Die Eier mit der Milch, dem Vanillinzucker und dem Zucker in einer Schüssel verquirlen und die Kakaomasse einrühren.

2. Das mit dem Backpulver vermischte Mehl unter ständigem Rühren langsam einrieseln lassen.

3. Den Teig in eine kleine Springform füllen und im vorgeheizten Backofen bei 175 °C ca. 40–50 Minuten backen. Stäbchenprobe machen.

4. Den Kuchen etwas auskühlen lassen, aus der Form stürzen und völlig erkalten lassen. Die Sahne mit Kakao und Zucker steif aschlagen und kühl stellen.

5. Mit Kuchendraht oder einem Messer den fertigen Tortenboden in drei möglichst gleichmäßige Scheiben schneiden.

backen **Kleine Schokoladentorte**

6 Eine Lage des Kuchens auf den Springformboden legen und einen Tortenring ganz eng darum anlegen. Die erste Schicht Sahnecreme (ca. 4–5 EL) gleichmäßig auf dem Tortenboden verteilen. Sie sollte ca. 1 cm stark sein. Den zweiten Tortenboden auflegen und ebenso verfahren. Die letzte und zugleich oberste Tortenbodenschicht auflegen und den Kuchen sowie die verbliebene Sahne ca. 45 Minuten kühlen.

7 Anschließend den Kuchen herausnehmen, den Tortenring vorsichtig entfernen und prüfen, ob die Sahne fest ist und nichts verrutscht. Wenn doch, noch ein bisschen kühlen. Ist die Sahne fest und die einzelnen Schichten sitzen sicher, den Kuchen mit der restlichen Sahne verkleiden.

8 Die Torte am besten nochmal über Nacht in den Kühlschrank stellen.

Minigirlande

MATERIAL UND ZUBEHÖR:

2 Schaschlikstäbchen

etwas Dekoschnur

Masking Tape (alternativ: gemustertes Papier und Klebestift)

UND SO EINFACH GEHT'S:

1 Die Schnur auf die gewünschte Länge zuschneiden (bei mir ca. 35 cm). Das Masking Tape in 5 × 5 cm lange Stückchen schneiden und zur Hälfte um das Band falten. Mit einer spitzen Schere aus der Mitte kleine Dreiecke herausschneiden, sodass Fähnchen entstehen.

2 Die Enden der Girlande um die Schaschlikstäbchen knoten und kurz vor dem Servieren in die fertige Torte stecken.

basteln Minigirlande

Wimpelkette

Um es kurz zu machen: wir lieben Wimpelketten. Ich habe für jedes Kinderzimmer eine eigene genäht, für den Garten eine und sogar das Hühnerhaus.

Wir basteln Wimpelketten aus bedrucktem Papier, Masking Tape und Kordel für Kuchendekorationen und den Kindergeburtstag. Wir lieben sie, weil sie in Sekundenschnelle das Gesicht und die Wirkung eines Raumes charmant verändern, weil sie ein Lächeln im Herzen des Betrachters auslösen und den verschiedensten Anlässen ein festliches Flair verleihen. Wie viele meiner alltäglichen Projekte sind sie schnell und unkompliziert gemacht. Was meinem Hang zu schöpferischen Taten mit drei Kindern um mich herum natürlich entgegenkommt.

Mein Tipp: Will man Teile gleichen Formats aus Stoff ausschneiden, kann man sich die Arbeit halbieren, wenn man den Stoff vor dem Zuschneiden doppelt legt.

MATERIAL UND ZUBEHÖR:

für eine Wimpelkette von ca. 1,5 m Länge mit acht Wimpeln

verschiedene Baumwollstoffe

weißes Schrägband 1,5 m

Nähkästchen

Nähmaschine

Bügelstation

UND SO EINFACH GEHT'S:

1. Zuerst aus Pappe eine Schablone für die Wimpel anfertigen. Mein Maß beträgt 9 cm Breite und 10 cm Länge. Die Nahtzugabe von ca. 0,5 cm ist darin bereits enthalten. Mithilfe dieser Schablone aus den Stoffen Dreiecke in gewünschter Zahl zuschneiden. Je Wimpel braucht man 2 Stoffdreiecke. Für diese Kette schneidet man folglich je 4 Dreiecke von vier verschiedenen Drucken aus.

2. Die Dreiecke rechts auf rechts legen und mit der Nähmaschine nur zwei der drei Seitenkanten im Geradstich (ca. 3–4 mm) knappkantig absteppen, die Oberkante bleibt zum Wenden offen. Die Nahtzugabe der Spitze vor dem Wenden kappen.

3. Mit Hilfe eines langen Stäbchens (bei mir ein Pinselstiel) den Wimpel wenden und glatt bügeln. Ist das bei allen Wimpeln geschehen, Schrägband in gewünschter Länge zuschneiden.

4. Die Wimpel von der Mitte ausgehend in gleichmäßigem Abstand (hier ca. 5 cm) zueinander im Schrägband anordnen und feststecken. Um die Mitte zu markieren, das Schrägband zur Hälfte falten und den Falz kurz anbügeln. Darauf achten, dass beide Enden genügend weit frei bleiben, um die Kette später anbinden zu können (hier ca. 16 cm).

5. Mit der Nähmaschine im Geradstich (ca. 3–4 mm) über die gesamte Länge des Schrägbandes steppen. Fertig.

WIMPELKETTE

Untersetzer aus Holzperlen

Dieser Untersetzer ist schneller fertig gestellt, als die Perlen gekauft sind. Ein wunderbares Low-Budget-Projekt, das chic aussieht. Genau eines dieser kleinen feinen Projekte, die auch an turbulenten Tagen mal zwischendurch möglich sind. So wie ich es liebe.

MATERIAL UND ZUBEHÖR:

10 Holzperlen mit 3 cm Durchmesser

feste Kordel

UND SO EINFACH GEHT'S:

1. Die Perlen in gewünschter Menge – abhängig vom benötigten Durchmesser auf die Kordel auffädeln.
2. Die Kordel festziehen und verknoten. Fertig.

Mein Tipp: Um den Untersetzer noch rutschsicherer zu machen, kann ein Ring mit weniger Perlen gebunden werden, der, in den Größeren eingelegt, für Stabilität sorgt.

basteln **Untersetzer aus Holzperlen**

UNTERSETZER AUS HOLZPERLEN ~ 63

Rollmäppchen

Als meine beiden Großen noch im Kleinkindalter waren, habe ich ihnen für daheim und unterwegs Rollmäppchen für ihre Stifte genäht.

Mit diesen Mäppchen verkürzen wir längere Autofahrten und die langweilige Zeit im Restaurant, wenn sonst nichts passiert und die Erwachsenen sich nur unterhalten.

In diesem Sommer war die Zeit gekommen, dass auch unser Jüngster sein ganz eigenes Rollmäppchen bekam. Für ihn war es dringend nötig, denn er malte mit allem, was ihm in die Finger geriet, und auf allem, was ihm unter die Stifte kam. Das musste – als er noch jünger war – nicht zwangsläufig Papier sein, es durfte auch gern der frischgewaschene Tischläufer, die Wand, der Holzboden, die Schulhefte der Großen und er selbst sein.

Für mich habe ich diese Mäppchen für meine Strick- und Häkelnadeln entdeckt. Denn ich bin leider hoffnungslos chaotisch, weshalb ich ständig nach den passenden Häkelnadeln oder der fünften Nadel für das Nadelspiel suche. Mit solch einem Rollmäppchen kann ich all meine Utensilien organisieren. Nun finde ich sofort das Gesuchte. Vorausgesetzt, ich habe daran gedacht, es einzusortieren.

nähen **Rollmäppchen**

MATERIAL UND ZUBEHÖR:

Baumwoll-Tischset (35 × 46 cm)

Stoffstreifen oder Jelly Roll

Kordel, 70 cm lang

Nähkästchen

Nähmaschine

Bügelstation

Buntstifte

Als erstes heißt es Maß nehmen: Wofür auch immer das Rollmäppchen später Verwendung finden soll, es ist ratsam, ein Musterobjekt (Stift, Stricknadel etc.) zum Maßnehmen bereitzulegen. Dafür das Set auf dem Tisch ausbreiten, das Muster darauflegen und die oberen und unteren Teile des Tischsets nach innen umschlagen. Darauf achten, dass der obere Teil ca. 1–1,5 cm Luft hat. Fertig ist das Maß.

UND SO EINFACH GEHT'S:

1. Für einen Stift von ca. 17 cm Länge das Tischset der Länge nach einmal um 4 cm und einmal um 10 cm umschlagen. Mit dem Bügeleisen (am besten Dampffunktion) fixieren. Der breite Umschlag bietet Platz für den Stift, während der schmale Umschlag im zusammengerollten Zustand das Herausrutschen der innenliegenden Teile verhindert.

2. Nun wird der 10 cm breit umgelegte Teil des Tischsets mit einem Schmuckstreifen verziert. Dazu einen Baumwollstreifen von ca. 6 cm Breite auf die Länge des Sets (je 1 cm Nahtzugabe für die beiden Enden nicht vergessen) zuschneiden und wie ein Einfassband (siehe Rotkäppchendecke Seite 124 ab Schritt 6) zur Hälfte falten und im Geradstich (4 mm) annähen. Dann umschlagen und bügeln.

3. Die Nahtzugabe des Baumwollstreifens einschlagen. Das Einfassband an der Innenseite von Hand annähen.

4. Die Kordel in zwei ungleiche Hälften von 25 cm und 45 cm Länge zusammenlegen. Die Schlaufe am linken Rand des Tischsets mithilfe einer Stecknadel zwischen beiden Lagen feststecken und die Seitenränder des Mäppchens im Geradstich (3,5 mm) vom Falz ausgehend (!) steppen.

ROLLMÄPPCHEN 67

5 Ist dies geschehen, brauchen wir wieder unser Musterobjekt, um den Abstand der einzelnen Fächer zu bestimmen. Dazu wird es eingelegt und die Breite abgemessen. Für einen dicken Kinderbuntstift sind das ca. 3 cm. In regelmäßigen Abständen mit Stecknadeln die Nahtstellen für die Stifte markieren.

6 Mit dem Geradstich (3,5 mm) vom Falz ausgehend steppen. Dabei nicht in das Baumwollband nähen, sondern an der Stoffkante enden. Der obere Umschlag wird ebenso genäht, bis auf eine Ausnahme: Statt jedes Fach einzeln abzusteppen, wird der Umschlag in drei gleichgroße Teile geteilt. Es sind also nur vier Nähte zu machen: Seitenrand, Trennungsnaht zwischen Abteil 1 und 2, Trennungsnaht zwischen Abteil 2 und 3, Seitenrand.

7 Fertig ist das Rollmäppchen. Bei den angegebenen Maßen hat es Platz für 12 dicke Buntstifte sowie ein zusätzliches Fach für Bleistift oder Lineal.

Mein Tipp: Je nach Verwendungszweck können die Fächer in unterschiedlicher Breite genäht werden. Dann finden auch eine Schere oder eine Rundstricknadel darin Platz.

Stricknadeln

Kandiszucker an Sticks in meinem Tee aufzulösen, ist mir zur liebgewonnenen Prozedur geworden. Während des Wartens kann man so schön die Gedanken schweifen lassen.

Ein bisschen rühren, ein bisschen sinnieren, dann wieder rühren …

Als ich eines Tages wieder einmal dieses Ritual genoss, bog mein ältester Sohn um die Ecke. Im Vorbeischlendern sah er mir über die Schulter und entdeckte das Kandiszuckerstäbchen in meinem Tee. Schmunzelnd bemerkte er, das sähe wie eine meiner Stricknadeln aus und ging seiner Wege.

Seine Worte jedoch blieben. Nachdenklich besah ich mir mein inzwischen leeres Holzstäbchen und fand, dass mein Sohn recht hatte. Sogleich brühte ich mir eine weitere Tasse Tee für die zweite Kandisstange auf. Als beide Stäbchen getrocknet waren, begann ich mit der Arbeit.

Das funktionierte so wunderbar, dass ich mich seither, wann immer jemand im Freundes- oder Bekanntenkreis eine dieser Teespezialitäten geschenkt bekommt, für die Entsorgung der leeren Stangen anbiete.

Auf die Art kann man sich sogar ein kleines Nadelspiel für niedliche Babysöckchen herstellen. Dafür einfach von fünf Stäbchen die Holzkugeln entfernen und beide Enden anspitzen.

basteln **Stricknadeln**

MATERIAL UND ZUBEHÖR:

Tee

2 Kandiszuckerstangen

Spitzer

Sekundenkleber oder Holzleim

feinstes Schleifpapier

UND SO EINFACH GEHT'S:

1. Einen Lieblingstee wie z. B. den Zitronenmelisse-Tee von Seite 74 aufbrühen und den Kandiszucker darin auflösen. Die Holzstäbchen herausnehmen und gut trocknen lassen.

2. Die stumpfen Enden der Stangen vorsichtig mit einem scharfen Spitzer zurecht spitzen. Mit dem Schleifpapier alle Unebenheiten über die gesamte Nadel entfernen, damit später keine Maschen hängenbleiben. Die Spitze sanft abrunden, das verhindert späteres Spleißen des Garns.

3. Sitzen die Holzkügelchen beim Aufstecken zu locker und drohen abzufallen, befestige ich sie mit etwas Leim oder Sekundenkleber.

4. Diese Nadeln entsprechen meiner Erfahrung nach Nadelstärke 3,0. Im Zweifel mit einer Nadellehre die Stärke der neuen Nadeln bestimmen. (Die Nadellehre ist ein nützliches Zubehörteil für Strickerinnen. Mit einer solchen, in unterschiedlichen Größen durchlöcherten Karte können zumeist die Stärken 2,0 bis 10,0 bei Stricknadeln ausgemessen werden.)

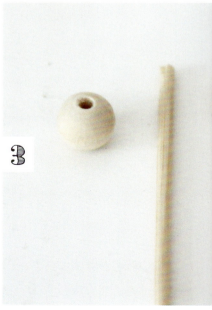

Mein Tipp:

Diese kurzen Nadeln eignen sich gut für Kinderhände und ihre ersten eigenen Projekte, wie schmale Schals oder selbst gestrickte Spülläppchen für die Puppenküche. Für längere Nadeln nimmt man Schaschlikspieße und kleine Holzperlen, die mit etwas Leim befestigt werden.

DEKORATIV UND NÜTZLICH

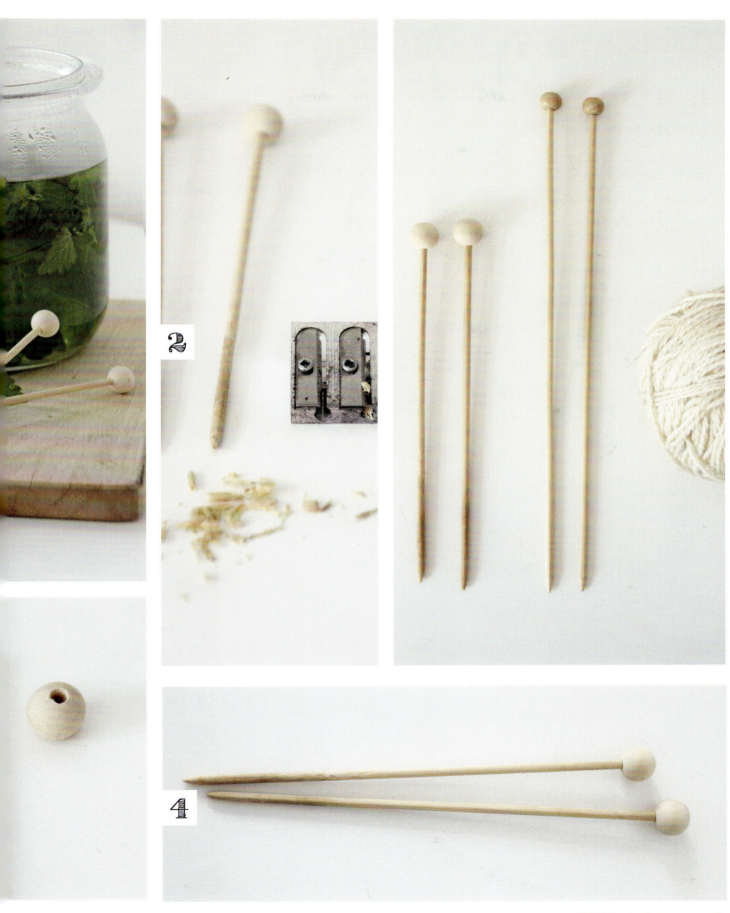

STRICKNADELN ~ 73

Leckere Erfrischung für heiße Tage

Wir haben das Glück, dass die Zitronenmelisse bei uns im Garten üppig wächst. So können wir über den Sommer jederzeit unseren Lieblingseistee zubereiten. Ich übernehme das Hantieren mit dem heißen Wasser, das andere unsere Großen. Unser Jüngster beobachtet gespannt das Auflösen des Kandiszuckers.

Man nehme für 1 Liter Tee:

2 Handvoll Zitronen-melisse

1 l Wasser

2 Stangen Kandiszucker

Eiswürfel

UND SO EINFACH GEHT'S:

1. Die Melisse pflücken und waschen.
2. Die Blätter mit kochend heißem Wasser überbrühen. Die Kandiszuckerstangen hineinstellen und den Zucker auflösen. Anschließend die Stangen herausnehmen und den Tee abkühlen lassen.
3. In den kühlen Tee eine Handvoll Eiswürfel geben, mit Strohhalmen und frischen Blättern garnieren und servieren.

Wie die Strohhalme verziert werden, siehst du auf Seite 39.

> **kochen** Zitronenmelisse-Tee

3

ZITRONENMELISSE-TEE 75

Einkaufskorb für den Wochenmarkt

Eines unser liebgewonnen Familienrituale ist der Besuch des Wochenmarkts. Wann immer es unsere Zeit erlaubt, fahren wir am Samstagvormittag in die Stadt und erledigen dort unsere Einkäufe.

Ich liebe die geschäftige und lebendige Stimmung auf dem Markt. Die Händler preisen ihre Waren an, manchmal gibt es sogar einen Marktschreier, ein Imker bietet Honig und Met feil, in der Auslage eines Schafbauers finden wir erlesene Käse- und Milchprodukte aus eigener Herstellung und noch viele andere kleine und größere Spezialitäten an den Ständen gibt es zu entdecken. Die Kinder lieben die Vielfalt und die vielen Probiereckchen, die sie überall zugesteckt bekommen.

Wenn wir alle Einkäufe erledigt haben, setzen wir uns mit unseren Schätzen in eines der Straßencafés, genießen die Sonne und sehen den Menschen zu. So wird ein simpler Einkauf zum Familienausflug.

Da ist es ganz selbstverständlich, dass zu diesem schönen Erlebnis auch ein besonders stimmungsvoller Einkaufskorb gehört. Diesmal fand ich mein Häkelgarn allerdings nicht im Wollgeschäft, sondern im Gartencenter. Starkes Jutegarn zum Binden von Ästen hält die Tasche in Form und trägt zuverlässig unsere Obst- und Gemüseeinkäufe nach Hause.

häkeln **Einkaufskorb für den Wochenmarkt**

MATERIAL UND ZUBEHÖR:

für eine Tasche mit den Maßen (Häkelkorpus) ca. 35 × 29 cm

3–4 Rollen à 20 m Jutegarn 4 mm stark

2 Lederriemen und 8 Nieten (hier vom Sattler, alternativ auch vom Bastelbedarf)

Lederstückchen oder Spaltleder zum Unterfüttern (ebenfalls vom Sattler)

Häkelnadel 6,0

Hammer

Lochzange

möglichst feste Unterlage

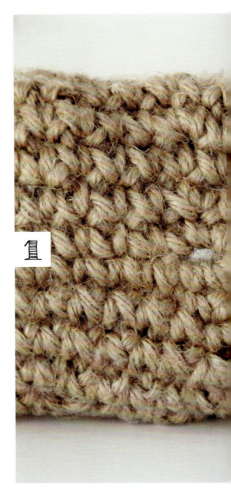

Der Korpus wird vom Taschenboden ausgehend in Runden nach oben gehäkelt. Um einen länglichen Korpus zu erhalten, wird zu Beginn nur ein Teil der Maschen verdoppelt. Grundsätzlich kann natürlich jedes beliebige Maß gehäkelt werden.

UND SO EINFACH GEHT'S:

1. Mit der Häkelnadel 24 Lm anschl.
   Für die **1. Rd** in jede der Lm 1 fM häkeln bis zur vorletzten M. In die letzte Lm des Anschl 6 fM häkeln und zurück zum Rd-Anfang über dieselben Lm wieder bis zur vorletzten M jeweils 1 fM häkeln. Auch hier in die letzte und zugleich Start-M wieder 6 fM häkeln. Die beiden Enden mit den 6 M bilden die schmalen Seitenteile der Tasche, nachfolgend Ecke genannt.
   Rd 2–4: alle M häkeln, wie sie erscheinen. In den Ecken jede 2. M verdoppeln, d.h. in 1 M der Vorrunde 2 fM häkeln. Daraus ergibt sich die notwendige Zun.

2. **Rd 5–22:** Ab sofort alle M ohne Zun häkeln, wie sie kommen.

3. **Rd 23** beginnt mit 3 Lm (sie entsprechen dem 1. Stb). Über die 2. M der Vor-Rd 1 Lm häkeln. In die 3. M kommt 1 Stb, über die 4. M 1 Lm, in die 5. M 1 Stb und so fort bis zum Rd-Ende.
   Runde 24: In jede M der Vor-Rd eine fM häkeln. Faden vernähen.

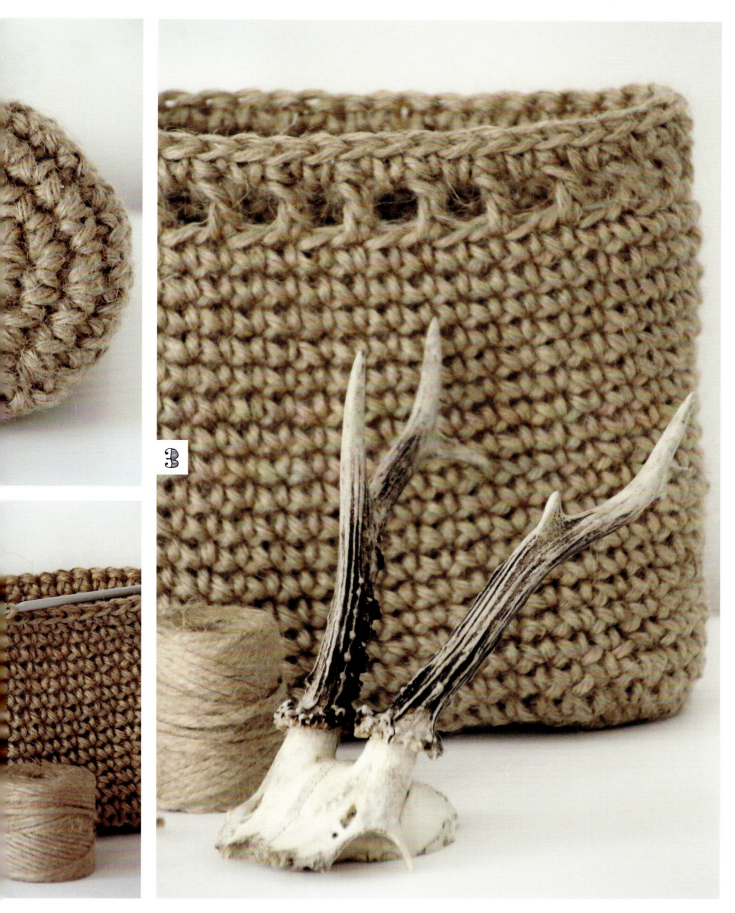

EINKAUFSKORB ~ 79

4 Taschenriemen, Henkel oder Griffe kann man im gut sortierten Bastelladen bekommen. Diese Riemen nach Herstellerempfehlung an der Tasche befestigen. Meine Lederriemen habe ich vom Sattler bezogen. Sie kosten fast ebenso viel wie im Shop, haben aber den entscheidenden Vorteil, dass ich Farbe und Maße selbst aussuchen kann. Die passenden Nieten sowie Spaltleder zum Unterfüttern gibt es ebenfalls beim Sattler.

5 Die Lederriemen werden mit Nieten am Korpus befestigt. Damit sie gut an der Tasche sitzen und nichts vom Jutegarn ausleiern oder reißen kann, muss mit Leder oder einem anderen festen Material unterfüttert werden. Dazu schneidet man in der Länge der zu nietenden Stellen vier kleine Stückchen aus Spaltleder aus. Mit der Lochzange an den entsprechenden Stellen Löcher für die Nieten ausstanzen.

6 Die Lederriemen an der Außenseite der Tasche in Position bringen. Spaltleder und den Nietenteil mit Stift von innen durch die Tasche und Schmuckseite der Niete (glatte Seite ohne Stift) von außen durch den Lederriemen hindurch stecken. Beide Nietenteile fest zusammen drücken und auf einer möglichst festen Unterlage (kein Holz, es ist zu weich und bekommt Abdrücke) mit dem Hammer von der Innenseite der Tasche festklopfen. Achte darauf, die Riemen 1–2 Reihen unter dem Lochmuster zu befestigen.

7 Wenn du möchtest, kannst du für ein charmant verspieltes Aussehen in Streifen gerissene Stoffe einflechten und zur Schleife binden. Ich hatte noch etwas geblümten Stoff vom geflochtenen Kinderzimmerteppich (Seite 134) übrig, den ich einzog. Das Schöne dabei: die Schleife kann passend zum eigenen Outfit gewechselt werden. Mein Lieblingsstück!

Mein Tipp: Minimalisten lassen die Tasche, wie sie ist, für Romantiker bietet das Lochmuster eine schöne Abwechslungsmöglichkeit.

5

7

Köstliches aus der Speisekammer

Getrocknete Apfelringe

Apfelringe sind bei uns eine heißbegehrte Süßigkeit. Ganz gleich wie viele ich mache, es sind immer zu wenig. Durch das Trocknen schmecken die Apfelringe wesentlich süßer als frische Äpfel, was sie bei meinen Kindern als Pausensnack oder einfach so sehr beliebt macht. In Müsli und Joghurt sind sie konkurrenzlos.

Man nehme:

Äpfel

1 Zitrone

Ausstecher für Kerngehäuse

Backpapier

UND SO EINFACH GEHT'S:

1. Die Äpfel waschen, schälen, das Kerngehäuse ausstechen und in ca. 5 mm dicke Ringe schneiden. Die Zitrone halbieren und die Apfelscheiben mit dem Saft leicht einreiben, damit sie nicht braun werden. Den Backofen auf 50–60 °C vorheizen und die Apfelringe auf mit Backpapier ausgelegten Blechen verteilen. Die Ringe sollen sich nicht berühren. Um Energie zu sparen, alle Ebenen befüllen.

2. 4–5 Stunden bei Heißluft trocknen. Die Ofenklappe mit einem Kochlöffel leicht geöffnet halten, damit die Feuchtigkeit entweicht. Die Apfelringe 3–4 Mal wenden. Sie sind fertig, wenn auf Druck kein Saft mehr austritt, sie sich biegsam und ledrig anfühlen. Sind sie so trocken, dass sie brechen, hat man Apfelchips, die auch sehr lecker schmecken. Die Ringe auskühlen lassen.

kochen — Getrocknete Apfelringe

Mein Tipp: Gut getrocknet, kühl und trocken in einem verschließbaren Glasbehälter gelagert, halten sie sich mehrere Wochen. Es empfiehlt sich aber, die Gläser regelmäßig auf Schimmelbildung zu kontrollieren.

Frittierte Apfelringe

Frittierte Apfelringe sind ein leckeres Mittagessen, passen aber genauso gut auf den Kaffeetisch. Sie werden ähnlich zubereitet wie die getrockneten Ringe. Doch anstelle sie zu trocknen, taucht man die Ringe in einen Pfannkuchenteig und backt sie in einer Pfanne in heißem Fett goldbraun aus.

Man nehme:

3 große Äpfel	100 g Mehl
Ausstecher fürs Kerngehäuse	¼ l Milch
Frittierfett	eine Prise Salz
1 Ei	Zimtzucker nach Geschmack

UND SO EINFACH GEHT'S:

1. Aus den Äpfeln, wie auf der vorherigen Seite beschrieben, Ringe schneiden. Ei, Mehl, Milch und Salz zu einem Teig vermengen.

2. Anschließend wird das Fett in einer Pfanne erhitzt. Es sollte gut 1–1,5 cm hoch stehen. Die richtige Temperatur ist erreicht, wenn es um einen hineingehaltenen Holzkochlöffel zu sprudeln beginnt.

3. Mit einer Gabel einen Apfelring in den Teig tauchen, etwas abfließen lassen und ins Fett geben. Die Pfanne füllen und die Ringe beidseitig goldbraun backen. Falls die Ringe zu schnell braun werden, die Temperatur etwas reduzieren.

4. Die fertigen Ringe auf einem mit Küchenpapier ausgelegten Teller abkühlen lassen. Das Küchenpapier saugt das überschüssige Fett auf. Mit Zimtzucker bestreuen und warm servieren.

> **kochen** Frittierte Apfelringe

Mein Tipp: Anstelle des Zimtzuckers mit Ahornsirup beträufeln oder in Apfelmus tauchen (bei meinen Kindern darf all das auch gern zusätzlich dazu).

Stempel schnitzen

Ob eine Einladung, ein Einmachglasetikett oder ein Brief aufgewertet werden sollen, für alles kann man sich schnell und einfach den passenden Stempel schnitzen. Dafür nimmt man ganz normale Radiergummis. Diese sind günstig und überall erhältlich. Viele verregneten Nachmittage haben die Kinder und ich mit dieser schönen Arbeit und dem Verzieren kleiner Aufmerksamkeiten für liebe Menschen zugebracht.

MATERIAL UND ZUBEHÖR:

Radiergummi aus Naturkautschuk (sie nehmen die Farbe gut auf)

Linolschnitt-Werkzeug

Cutter oder Skalpell

weicher Bleistift

UND SO EINFACH GEHT'S:

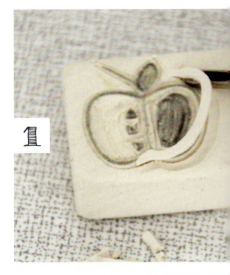

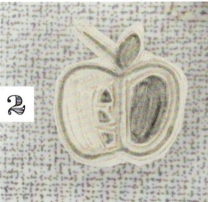

1. Mit dem Bleistift eine beliebige Form auf den Radiergummi auftragen. Weiße Flächen werden entfernt, die Bleistiftmarkierungen bleiben. Sie bilden den späteren Stempel. Bedenke, dass die Motive, z. B. Buchstaben, spiegelverkehrt aufgebracht werden müssen. Mit kleiner Klinge die Konturen herausarbeiten und bei einem kleinen Motiv die Füllung aushöhlen. Größere Flächen und die äußeren Ränder entfernt man mit breiteren Klingen.
2. Mit Cutter oder Skalpell den Überstand knappkantig entfernen.
3. Dabei vom Motiv ausgehend verjüngend arbeiten. So kann man den Stempel zum Drucken leichter positionieren.

basteln Stempel schnitzen

Mein Tipp:
Beginne am Anfang mit einem leichten Motiv ohne viele Schnörkel, wie z. B. dem Herz.

Frischkäse

Der Zeitaufwand für schnittfesten Frischkäse ist minimal und er schmeckt so lecker, dass ich immer einen kleinen Vorrat an Zitronen, Kuh- und Ziegenmilch dahabe. Mein Favorit ist der in Knoblauchöl eingelegte Käse. Himmlisch mit frischem Baguette und Tomaten!

GRUNDREZEPT:
für 1 Einmachglas (ca. 250 ml)

1 Liter Milch, die nicht pasteurisiert sein darf

Saft von 1 Zitrone

Gewürze und Kräuter nach Belieben, z.B. 2–3 Knoblauchzehen, bunten Pfeffer, Salz und Schnittlauch

gutes Olivenöl zum Einlegen

Käseleinen (wird gern empfohlen, habe ich aber nicht; Ich verwende alternativ grobmaschige Baby-Mullwindeln.)

UND SO EINFACH GEHT'S:

1. Die Milch in einem Topf sanft erhitzen, kurz aufkochen lassen, gleich vom Feuer nehmen und den Saft der Zitrone unterrühren. Warm zugedeckt 1–2 Minuten ruhen lassen, bis die Milch geronnen ist, d.h. sich in feste und flüssige Bestandteile geteilt hat.
2. Mit einem engmaschigen Schaumlöffel die Käseflocken abschöpfen oder durch ein Sieb gießen.
3. Jetzt kann man den Käse entweder ganz professionell über Nacht abhängen und gut abtropfen lassen.
4. Oder man hat so wenig Geduld wie ich und drückt ihn einfach gleich aus.

kochen — Frischkäse, Grundrezept

Mein Tipp: Am besten gerinnt Milch mit 3,5 % Fettanteil. Fettarme Milch gibt auch guten Käse, aber die Käseflocken sind viel kleiner und die Ausbeute folglich etwas geringer.

5   Fertig ist der Frischkäse, der nun in einem Behältnis luftdicht verschlossen in den Kühlschrank gestellt werden kann. Man kann den Käse aber auch in eine Form pressen (siehe Variationen) und in Öl einlegen, wie ich das gern mache. Dazu die Knoblauchzehen abziehen und fein hacken. In ein Glas eine dünne Schicht Salz streuen, etwas Pfeffer dazu und den ungewürzten Käse hineinsetzen. Nochmals etwas Salz und Pfeffer sowie den Knoblauch und den Schnittlauch darüber streuen.

6   Bis zum Rand mit Öl aufgießen. Der Käse soll vollständig bedeckt sein. Das Glas luftdicht verschließen und kühl gelagert ein paar Tage reifen lassen.
Frischkäse ist gekühlt und luftdicht verschlossen nur begrenzt haltbar und sollte schnell verzehrt werden. In Öl eingelegt hält er sich ca. 4 Wochen. Ich muss allerdings gestehen, dass wir das bei unserem Käse noch nie ausgehalten haben. Spätestens nach ein paar Stunden kam er aufs Brot.

Käse formen

Man kann Käse mit der Hand oder durch Pressen in einem Gefäß in Form bringen. Passende Käseformen kann man in verschiedenen Größen kaufen. Das muss man aber gar nicht.

Für meine Form habe ich einen ausgedienten Plastikbecher, der mir gefiel (ich glaube, er war von einem Brotaufstrich), zweckentfremdet. Damit das Wasser während des Pressens abfließen und die Luft entweichen kann, habe ich in den Boden kleine Löcher gestochen.

6

Mein Tipp: Insbesondere Kinder finden es toll, dass sich jeder seinen eigenen Käse würzen kann. Auch als Geschenk eignet sich der ganz auf den jeweiligen Geschmack abgestimmte Frischkäse hervorragend.

FRISCHKÄSE

Ziegenkäsebällchen

Für 1 Einmachglas (ca. 250 ml):

½ Liter Ziegenmilch	Cocktailtomaten
½ Liter Kuhmilch 3,5 %	bunter Pfeffer
Saft von 1 Zitrone	Salz
gutes Olivenöl	Schnittlauch
2–3 Knoblauchzehen	

UND SO EINFACH GEHT'S:

1. Den Käse wie im Grundrezept beschrieben zubereiten.
2. Die Tomaten waschen und vierteln, den Knoblauch schälen und in Stücke schneiden, Schnittlauch fein hacken. Aus dem Käse mit feuchten Händen kleine Bällchen formen und abwechselnd mit den Tomaten in das Glas schichten. Mit Salz und Pfeffer würzen, Knoblauch und Schnittlauch einfüllen und bis zum Rand mit Öl aufgießen.
3. Kühl und dunkel gelagert ist der Käse ca. 4 Wochen haltbar.

Mein Tipp: Anstelle der Ziegenmilch kann auch nur Kuhmilch verwendet werden. Frischkäsebällchen schmecken herrlich mild im Salat, mit Tomaten auf Spießchen gesteckt oder auf Baguette, wenn etwas von dem Olivenöl das Brot durchtränkt. Sie sind ein Highlight jeder Grillparty.

kochen **Ziegenkäsebällchen**

Gewürzter Frischkäse

Man nehme:

Frischkäse aus 1 Liter Milch

Saft von 1 Zitrone

bunter Pfeffer

Paprika rosenscharf

Salz

Schnittlauch

UND SO EINFACH GEHT'S:

1. Den Käse wie im Grundrezept beschrieben zubereiten.
2. Auf einem Brett wie einen Teig ausrollen und mit Salz, Pfeffer, Paprika und dem Schnittlauch verkneten und zu einem Laib formen.
3. Luftdicht verschlossen im Kühlschrank aufbewahren und bald verbrauchen.

Mein Tipp: Uns schmeckt der Käse am besten mit Stangenweißbrot oder kleinen Aufbackbrötchen, frischen Tomaten und Rapunzeln (Feldsalat).

kochen Gewürzter Frischkäse

GEWÜRZTER FRISCHKÄSE ~ 97

Joghurt

Meine Kinder essen sehr gern Joghurt, im Sommer als Erfrischung oder einfach zwischendurch. Darum probierte ich es eines Tages einfach einmal aus, Joghurt selbst zu machen. Ich war überrascht, wie leicht und schnell das geht, und fragte mich, warum um Himmelswillen ich das nicht schon viel früher gemacht hatte!

Man nehme:

1 Liter Milch

1 Becher Naturjoghurt cremig oder stichfest

1 Joghurt-Thermometer

saubere, sterilisierte Gläser

UND SO EINFACH GEHT'S:

1. Die Milch in einem Topf auf 95 °C erhitzen, aber nicht kochen lassen. Auf ca. 45 °C abkühlen lassen, erst dann den Joghurt unterrühren.
2. In saubere Gläser füllen. Die Gläser verschließen und 4–6 Stunden warm stellen. Die Temperatur sollte über diesen Zeitraum gehalten werden. Wer wie ich keinen Joghurtbereiter im Haus hat, kann die Gläser bei 50 °C in den Backofen stellen.
3. Nach 4 Stunden nachsehen, ob die Masse fest geworden ist. Sie sollte die Konsistenz der Ausgangskultur, des Naturjoghurts, haben. Sollte es nicht so sein, dann muss der Joghurt noch etwas länger warm gehalten werden.
4. Den fertigen Joghurt vor dem Verzehr über Nacht in den Kühlschrank stellen.
5. Gut gekühlt hält sich der Joghurt 1–2 Wochen. Bei uns wird der Joghurt allerdings selten älter als eine Woche.

kochen Joghurt

Mein Tipp: Ich verwende dazu Gläser in verschiedenen Größen. Kleine Gläser für unseren Joghurtzwerg und größere für die Großen. Für jeden das passende!

Der erste Frühlings- ausflug nach dem Winter

~·~

An einem herrlichen Frühlingstag, einem der ersten in diesem Jahr, packten meine Tochter und ich ein paar Sachen in den Korb und machten einen kleinen Spaziergang am Waldrand. Ich liebe dieses leicht diffuse Licht, wie es nur in diesen ersten Frühlingstagen vorkommt.

~·~

Wir suchten uns ein schönes Plätzchen, an dem wir mitgebrachten Tee trinken und die Sonne genießen konnten. Die ersten Vögel zwitscherten hier und da. Ganz in der Nähe klopfte ein Specht, und wir genossen die ersten warmen Strahlen, als plötzlich, ganz unvermittelt und für diese Jahreszeit auch völlig überraschend, ein kleiner gelber Schmetterling um uns herumtanzte. Meine Tochter wollte unbedingt ein Foto von ihm, was gar nicht so einfach war, da er sehr kamerascheu zu sein schien. Wann immer ich den Auslöser betätigen wollte, hüpfte er ganz einfach aus dem Bild hinaus und in den Wald hinein. Meine Tochter lief hinterher, um ihn zu suchen. Vergebens. Aber kaum legte ich meine Kamera beiseite, war er wieder da. Dieses Spiel spielten wir eine Weile, bis wir bemerkten, dass aus einem kleinen Schmetterling drei kleine Schmetterlinge geworden waren, die ihren Spaß mit uns hatten. Ein paar Bilder gelangen mir schließlich doch und so konnten wir erfolgreich und zufrieden unser Plätzchen für ein kleines Picknick aufschlagen und ein paar Sonnenstrahlen einfangen.

Inzwischen habe ich viele kleine gelbe Schmetterlinge gesehen und muss jedes Mal an unseren Nachmittag im Frühling denken, als meine Tochter und ich so viel Spaß mit ihnen hatten.

Thermoskanne

MATERIAL UND ZUBEHÖR:
für eine Thermoskanne (0,5 l)

50 g Baumwolle natur   Häkelnadel 4,0

UND SO EINFACH GEHT'S:

1. 6 Lm anschl und mit einer Km zum Ring schließen.
2. **Rd 1:** 3 Lm, dann in den Ring 11 Stb häkeln und mit 1 Km schließen.
3. **Rd 2:** Jede 2. M verdoppeln, d. h. in jede 2. M 2 fM häkeln.
4. **Rd 3–4:** Jede 3. M verdoppeln, in der 4. Rd jede 4. M usw. So fortfahren, bis der Flaschenboden knapp bedeckt ist.
5. In den folgenden Rd ohne Zun nach oben häkeln, dabei immer wieder an der Flasche anpassen. Die Ummantelung soll fest am Gefäß anliegen. Meine Flasche läuft nach oben hin schmaler zu, weshalb ich immer mal wieder eine M übersprungen habe (= Abn), sobald der gehäkelte Mantel locker zu werden begann.

Wie vielfältig diese Art des Häkelns sein kann, zeige ich dir auf Seite 154. Dort bekommen Hockerbeine ein gehäkeltes neues Kleid.

Mein Tipp:

häkeln Thermoskanne

Damit es schöner aussieht, habe ich den Deckel außen mit Sprühlack weiß lackiert. Ich nehme nicht an, dass dieser Lack lebensmitteltauglich ist, da wir aber ohnehin immer unsere Tassen dabeihaben, ist das für uns ohne Bedeutung. Soll der Deckel jedoch zum Trinken benutzt werden, sollte man ihn entweder im Original belassen oder geeigneten Lack verwenden.

Kleine Sitzauflagen für jede Gelegenheit

Unsere kleinen Sitzpolster erfand ich für Ausflüge. Zusammengerollt wiegen sie in Korb und Rucksack nicht viel, was sie für unterwegs zu einem angenehmen Begleiter macht.

Die Unterseite dieser Sitzpolster besteht aus Wachstuch, das Feuchtigkeit abweist und sich bei eventuellen Verschmutzungen durch Baumstümpfe oder feuchtes Gras leicht reinigen lässt. Die Sitzauflagen sind ebenso schnell gemacht wie praktisch und pflegeleicht, deswegen haben wir mehrere davon. Sie sind überall immer zur Hand. Auch in Haus und Garten sind sie liebgewonnene niedliche Polster für die Kinderstühlchen unseres Kleinsten.

Sitzpolster

> ### MATERIAL UND ZUBEHÖR:
> *für ein ca. 20 × 20 cm großes Kissen*
>
> 4 Quadrate Leinenstoff natur und bedruckt, je 9 × 9 cm
>
> 4 Streifen eines Geschirrtuchs, 4 cm breit und je 2× ca. 18 cm und 26 cm lang
>
> Volumenvlies, ca. 20 × 20 cm
>
> Wachstuch, ca. 20 × 20 cm
>
> 5 cm breites Einfassband
>
> Nähkästchen
>
> Nähmaschine
>
> Bügelstation

UND SO EINFACH GEHT'S:

1. Die vier Stoffquadrate zu einem Großen zusammenlegen. Dann nähst du jeweils ein natur und ein bedrucktes Quadrat zu einem Streifen zusammen. Die Nahtkanten in eine Richtung bügeln und anschließend beide Streifen zusammennähen.
2. Aus dem karierten Geschirrtuch je zwei passend lange und 4 cm breite Streifen zuschneiden.
3. Zuerst werden die kurzen Streifen, anschließend die langen an die Quadrate genäht.
4. Die fertige Oberseite des Sitzpolsters abmessen und aus Volumenvlies und Wachstuch passend große Teile zuschneiden. Alle drei Schichten aufeinander legen und mit Stecknadeln fixieren.
5. Das Einfassband rechts auf rechts in der Randmitte auf die Polsteroberseite auflegen, etwas Zugabe überstehen lassen und rundum festnähen. Die Kanten wie in der Rotkäppchendecke beschrieben nähen (siehe Seite 124). Anfang und Ende des Bandes knappkantig zusammennähen und den Überstand zuschneiden.
6. Nun wendest du das Polster und nähst von Hand die Einfassung mit einer versteckten Naht am Wachstuch an. Als Hilfslinie hierfür dient die Nähmaschinennaht der Oberseite.

Mein Tipp:

Hier habe ich als Einfassband einen Leinenstreifen, der vom geflochtenen Kinderzimmerteppich (siehe Seite 134) übrig war, verwendet. Für die Sitzpolster lassen sich kleinere Stoffreste, die zu einem Patchwork zusammengefügt werden, wunderbar verwerten.

Sommerquilt

Vor einiger Zeit bekamen wir eine Krabbeldecke aus den doch äußerst farbenfrohen 80ern geschenkt, die zwar etwas gewöhnungsbedürftig im Design, aber von guter Qualität und darum viel zu schade war, um entsorgt zu werden.

Außerdem hatte ich zu dem Zeitpunkt gerade erst einen wunderschönen Retrobettbezug erstanden. Was lag also näher, als der alten Krabbeldecke ein neues Kleid zu nähen. Schließlich kann man von Decken irgendwie nie genug haben.

Bei der Auswahl der Stoffmuster für diesen Quilt assistierte mir meine Tochter mit Vorschlägen. Wir wählten leichte, sommerliche Farben mit zartem Pünktchen- und Blümchendesign für das Kinderzimmer und unsere Ausflüge. Es wurde schnell klar, dass das ihre Decke werden würde. Die nächste Reitstunde mit dem Lieblingspony avancierte so zum Ausflug mit dem neuen Lieblingsquilt.

MATERIAL UND ZUBEHÖR:

verschiedene Baumwollstoffe, neu oder gebraucht für die Oberseite

Baumwollstoff für die Einfassung

gebrauchter Bettbezug für die Unterseite

alte Krabbeldecke für die Füllung

leichte Fleecedecke als Zwischenlage, um den farbintensiven Druck zu kaschieren

Patchwork-Set

Nähkästchen

Nähmaschine

Bügelstation

UND SO EINFACH GEHT'S:

1. Mit dem Rollschneider die Stoffe in 10 cm breite Streifen teilen und diese willkürlich in Stücke von 10, 15 und 20 cm Länge zuschneiden. Die Stücke werden in loser Reihenfolge im Geradstich (ca. 4 mm Stichlänge, Nahtzugabe 0,5 cm) zu Streifen aneinander genäht, deren Länge in etwa der Breite des Futters entsprechen sollte. Überstehende Stücke werden später gekürzt.

2. Ist der Streifen fertig, die Nähte einheitlich in die gleiche Richtung bügeln. Sind alle Stoffstücke zu Streifen vernäht, werden sie der Länge nach zur Decke zusammengenäht (Bügelrichtung beachten). Die überstehenden Seitenränder auf die Breite des Futters kürzen.

3. Vor dem Zusammenfügen der Schichten werden Fleecedecke und Unterseitenstoff auf das Maß der Krabbeldecke zugeschnitten.

4. Alle vier Schichten aufeinanderlegen und mit Sicherheitsnadeln befestigen oder von Hand mit starkem oder doppelt gelegtem Nähgarn in gleichmäßigem Abstand grob heften. Die Schichten mit der Maschine in regelmäßigen Abständen im Geradstich (ca. 5 mm) steppen. Die Steppnähte halten die Schichten zusammen und wirken zugleich dekorativ. Ich habe die Streifen in der Mitte der Länge nach gesteppt – eine von vielen möglichen Varianten.

5. Abschließend wird der Quilt auf die gleiche Weise wie die Rotkäppchendecke (siehe Seite 124) eingefasst. Meine Stoffstreifen für das Einfassband stammen von dem Bettbezug, aus dem ich schon den Kinderzimmerteppich (siehe Seite 134) geflochten habe.

SOMMERQUILT 113

Zauberpflaster

Als ich noch klein war und einmal über ein aufgeschrammtes Knie jammerte, sagte jemand zu mir: „Ein Sommer ohne blaue Flecken und Kratzer an den Beinen ist keine richtige Kindheit!" An meinen eigenen Kindern sehe ich jetzt, wie wahr dieser Spruch tatsächlich ist.

Sobald es draußen warm genug ist, sind wir im Grünen, laufen barfuß durch die Wiesen, machen Picknicks, gehen schwimmen oder in den Wald, um Holunder, Beeren und Pilze zu sammeln, und das bis weit in den Herbst hinein. Für größere und kleinere Notfälle liegen in einer kleinen Schublade in der Küche immer ein paar Pflaster bereit. Besonders große Notfälle behandeln wir aber mit Zauberpflastern.

Eine handliche Blechdose dient uns als SOS-Arztköfferchen, aus dem wir im richtigen Moment ein Zauberpflaster ziehen können. So ausgerüstet, hält uns nichts mehr im Haus, denn wir sind auch unterwegs für jede Eventualität gewappnet.

Den ganzen Sommer über wächst und grünt es auf den Feldern und Wiesen um uns herum, bis die Bauern sie mähen und daraus herrlich duftendes Heu von der Sonne getrocknet wird. Wenn es nach Tagen intensiven Sonnenbades schließlich eingefahren wird, riecht es überall nach Heu und Sonne und Sommer. Manchmal bleiben ein paar Reste liegen, die die Kinder mit Hingabe für ihre Hasen einsammeln. Denn denen schmeckt das einfach zu gut.

Der Patenonkel unseres Jüngsten schenkte uns ein wunderschönes altes Leiterwägelchen, mit dem wir nun stilecht unsere Ernte einbringen können. Alle helfen zusammen. Die beiden Großen schichten mit ihren hölzernen Rechen die liegengebliebenen Halme zu kleinen Haufen auf, während unser Jüngster es mit höchstem Eifer übernimmt, den Wagen mit Händen voll riesiger Büschel Heu zu füllen.

zaubern **Zauberpflaster**

MATERIAL UND ZUBEHÖR:

Pflaster mit Textiloberfläche zum Zuschneiden

doppelseitiges Klebeband

Stoffreste

Rollschneider oder Schere

Lineal oder Falzbein

ein größeres Geldstück

Stift

UND SO EINFACH GEHT'S:

1. Den Pflasterstreifen mit dem doppelseitigen Klebeband bekleben und die Trägerfolie abziehen.
2. Die Stoffreste dicht nebeneinander auf das Klebeband auflegen und mit dem Lineal oder Falzbein fest andrücken.
3. Mit dem Rollschneider oder einer Schere die überstehenden Stoffränder kürzen und die Pflaster entsprechend der Breite der Stoffstreifen zuschneiden. Breite Stoffreste können für große Pflaster in ihrer Größe belassen oder auf gewünschte Größen geschnitten werden. Das Geldstück auf die Kanten der Pflaster auflegen und mit dem Stift die Rundung an den Enden markieren. Mit der Schere das Pflaster an der Markierung zuschneiden.

Mein Tipp:

Wir bewahren unsere Zauberpflaster für den nächsten Notfall in einer schönen Dose und in Reichweite der Kinder auf. In besonders schweren Fällen, wie z. B. Brennnesselunfällen, wirken die Pflaster erfahrungsgemäß nur in Kombination mit Zauberzucker (nächste Seite). Es empfiehlt sich daher, immer auch eine kleine Menge Zauberzucker in der Wanderausrüstung mitzuführen.

ZAUBERPFLASTER 117

Zauberzucker

Zauberzucker hat bei uns eine lange Tradition. Als unsere beiden Großen in dem Alter waren, in dem kleine Kinder immer aufgeschrammte Knie und Ellenbogen haben, barfuß auf einen spitzen Stein treten oder auch mal mit Brennnesseln in Berührung kommen, half neben einem Pflaster auch immer ein Löffelchen Zauberzucker, die Tränen zu trocknen. Als die beiden Großen älter wurden, kam der Zucker immer weniger zum Einsatz und irgendwann waren sie ihm entwachsen. Mit unserem Jüngsten lebt diese schöne Zeit, in der es noch Wunder gibt, ein weiteres Mal auf.

Man nehme:

2 Teile Rohrohrzucker   1–2 Teile Zimt

UND SO EINFACH GEHT'S:

1. Den Zimt mit dem Zucker gut vermischen.
2. Den fertigen Zauberzucker in ein Gefäß füllen. Das kann z. B. eine hübsche Dose, ein Einkoch- oder Schraubglas sein. Wir bewahren unseren Zauberzucker in einem schönen Keramikgefäß auf.
3. Man kann dazu alleine oder gemeinsam mit dem Kind noch ein schönes Etikett anfertigen – für Mädchen auch gerne mal mit ganz viel Glitzer. Ein Hinweis noch: Zauberzucker sollte der Zähne zuliebe sparsam eingesetzt werden. Ein paar Körnchen auf einem Espressolöffel reichen schon aus.

zaubern Zauberzucker

Zur Ruhe kommen

Leseecke

Bücher sind für mich etwas ganz besonders Wertvolles. Ich liebe das Lesen. Einen großen Teil meiner Kindheit habe ich in phantastischen Welten verbracht. Irgendwann begann ich, meine Bücher nur aufgrund ihrer Seitenstärke auszuwählen. Was unter fünf Zentimeter dick war, kam nicht mehr in den Büchereikorb.

Heute als Erwachsene kann ich zwar nicht mehr so oft den halben Tag und die halbe Nacht lang lesen, aber wenn, dann zelebriere ich es. Ich koche mir einen heißen Kakao oder nehme mir ein Glas Rotwein und kuschle mich mit meinem Buch in meine Leseecke.

Meinen Kindern versuche ich diese Liebe zum Buch ebenfalls zu vermitteln. Bücher sind etwas, das ich ihnen eigentlich immer erlaube zu kaufen oder ich ihnen selbst schenke. Über die Jahre haben wir eine stattliche Kinderbücherbibliothek angelegt und sind regelmäßig Gast in der städtischen Bücherei, die wir jedes Mal mit einem riesigen gefüllten Korb wieder verlassen. Die einstige, meinen Rücken schonende Regel, jeder dürfe nur drei Bücher ausleihen, konnte ich nicht lange aufrechterhalten.

Sobald unsere Kinder begannen, ihre ersten Worte zu artikulieren, sahen wir mit ihnen Bilderbücher an. Später lasen wir ihnen regelmäßig vor, und als sie in die Schule kamen, übten wir mit ihnen das Lesen auf die verschiedensten Arten. So machten wir z. B. vor dem Wocheneinkauf im Lebensmittelmarkt aus, dass sie sich drei Süßigkeiten aussuchen dürften, sofern sie sie vorgelesen hätten. (Jüngere Kinder bekamen ihrem Alter entsprechend andere Aufgaben.) Das schloss auch Dinge ein, die sonst aufgrund ihres Zuckergehalts eher nicht auf der Einkaufsliste stehen. Unnötig zu sagen, dass sie auf diese Weise recht bald flüssig lesen konnten. Bis heute lesen sie gern und viel und nicht selten ist abends nach dem Gutenachtkuss plötzlich wieder Licht unter dem Türspalt zu sehen.

Als Kind hatte ich meine Leseecken überall. Am liebsten bei Regen auf dem Fensterbrett, im Winter in einer Ecke an der Heizung, im Wohnzimmer auf dem Sofa oder wir bauten eine Höhle und ich las dann im Licht der Taschenlampe. Ich las einfach überall, wo ich es mir rundherum kuschelig machen konnte.

In unserem Haus heute haben wir darum auch überall Leseecken eingerichtet. Es muss nicht immer das Sofa sein. Wir haben sie in den Kinderzimmern, in der offenen Küche und im Wohnbereich. In den Kinderzimmern hat mein Mann eigens eine kleine Empore gebaut und im Wohnbereich mauerte er einen erhöhten Sitzplatz, den wir mit selbst gehäkelten Kissen und Decken ausgepolstert haben.

Aber auch ohne einen Handwerker im Haus lassen sich selbst in der kleinsten Wohnung Ecken und Nischen finden, die man als eigenen Lesebereich einrichten kann. Dazu braucht es gar nicht viel. Ein paar Kissen und eine weiche Decke reichen völlig aus, um es gemütlich zu haben. Oder man stellt einen gepolsterten Stuhl auf, legt ein Schaffell darauf, ein Kissen hinein und eine Decke bereit. So habe ich es im Wohnzimmer gemacht.

Schau dich einfach einmal bei dir daheim um. Und das nächste Mal, wenn du in diesem Buch blätterst, kuschelst du dich in deine eigene kleine Leseecke und trinkst heißen Kakao.

Rotkäppchendecke

Komm, ich erzähl dir eine Geschichte ... Phantasie ist eine sehr schätzenswerte Eigenschaft, die wir bei unseren Kindern fördern, wann immer es möglich ist. Wir vermitteln ihnen, dass denen, die sich viel vorstellen können, die Welt offen steht, weil es fast keine Hindernisse gibt.

Für mich liegt der Schlüssel zur Phantasie in Büchern und Geschichten. Wir lesen unseren Kindern viel vor, erzählen ihnen Geschichten und verknüpfen Gegenstände mit Erinnerungen: „Das Bild in deinem Zimmer hing früher in der Küche meiner Urgroßmutter" oder „Diese Decke häkelte ich für dich, als du noch in meinem Bauch warst und ich noch gar nicht wusste, wer du bist" oder „Der Stoff für deinen kleinen Elefanten war mal ein Hemd von Papa." Daraus entspinnen sich immer wieder Gespräche und auch mit den Projekten in diesem Buch haben wir viele gemeinsame Erinnerungen geschaffen.

Als Kind liebte ich mein Märchenbuch mit den vielen schönen Bildern und las oft und gern darin. Eines Tages stolperte ich zufällig über diesen hübschen Märchenstoff und musste ihn einfach mitnehmen. Er war geradezu prädestiniert, für eine Märchendecke verwendet zu werden. Ich dachte mir, wenn ich den Stoff zu einer Decke verarbeite, können wir uns gemeinsam hinsetzen und die Geschichte der Decke erzählen. Heute sitzen die Großen gern mit unserem Jüngsten zusammen, legen sich die Decke über die Knie und erzählen Quadrat für Quadrat die Geschichte von Rotkäppchen und dem Wolf. Wenn unser Kleinster vormittags mit mir allein ist, legt er sich auf die Decke und geht mit dem Finger die einzelnen Stationen durch.

Es kann natürlich sein, dass du keinen Stoff mit Rotkäppchen darauf bekommst. Das bedeutet aber nicht, dass du keine Märchendecke nähen kannst. Such dir einfach ein anderes schönes Motiv aus, das zu einer Geschichte passt oder denk dir selbst eine aus. Es gibt so viele Möglichkeiten! Einmal kaufte ich einen Stoff, der über und über mit kleinen Schweinchen bedruckt war. Das könnte die Geschichte der drei kleinen Schweinchen sein, denen der Wolf das Haus wegzublasen versucht.

nähen Rotkäppchen-decke

MATERIAL UND ZUBEHÖR:

verschiedene Leinenstoffe, uni natur und bedruckt, für die Oberseite

rot-weiß gepunkteter Baumwollstoff für die Einfassung

Bettbezug (vom Flohmarkt) für die Unterseite

Volumenvlies (5 mm) für die Füllung

Nähkästchen

Patchwork-Set

Nähmaschine

Bügelstation

Die Decke ist 10 Quadrate breit und 14 Quadrate lang und wird von 9 cm breiten unifarbenen Leinenstreifen eingefasst. Fertig ist sie ca. 98 cm breit und 130 cm lang. Alle Maße enthalten 5 mm Nahtzugabe, diese möglichst genau einhalten, damit die Nähte später gleichmäßig verlaufen.

UND SO EINFACH GEHT'S:

1. Mit dem Rollschneider die Leinenstoffe in 9 × 9 cm große Quadrate schneiden und diese sortiert auf Stapel verteilen. Die Quadrate werden im Wechsel uni und bedruckt zu Streifen à 10 Quadrate im Geradstich (ca. 4 mm) aneinander genäht. Ist der Streifen fertig, mit dem Bügeleisen die Nähte einheitlich in die gleiche Richtung bügeln. Sind alle Quadrate zu Streifen vernäht, werden sie der Länge nach zur Decke zusammengenäht (Bügelrichtung beachten). Damit ist der Mittelteil fertig.
   Für den Rahmen die Länge und Breite des Mittelteils abmessen und je zwei Streifen à 9 cm Breite zuschneiden. Dafür an beiden Seiten je 9 cm Länge zugeben. (Bei mir waren es 2 Streifen von ca. 98 cm und 2 Streifen von ca. 130 cm Länge.) Anfang und Ende der Streifen im 45°-Winkel zuschneiden.

2. Nun werden die Streifen mit Stecknadeln am Mittelteil befestigt und festgenäht.

3. Mit der anschließenden Seite ebenso verfahren. Die spitz zulaufenden Kanten feststecken und zusammennähen. Alle weiteren Teile ebenso nähen. Der Rahmen ist fertig.

4 Vor dem Zusammenfügen der Schichten schneidest du das Volumenvlies und den Stoff der Unterseite auf das Maß der Decke zu. Dann alle drei Schichten aufeinander legen.

5 Damit die Schichten nicht verrutschen können, befestigst du sie mit Sicherheitsnadeln aufeinander oder heftest sie von Hand mit einem starken oder doppelt gelegten Nähgarn in regelmäßigem Abstand grob zusammen. Diese Methode ist zwar zeitintensiver als die der Sicherheitsnadeln, hat sich aber in der Handhabung und Genauigkeit beim späteren Zusammennähen als praktischer erwiesen. Nun werden die gehefteten Schichten mit der Nähmaschine in regelmäßigen Abständen im Geradstich (ca. 5 mm) gesteppt. Die Steppnähte dienen dazu, die Schichten zusammenzuhalten und haben gleichzeitig dekorativen Charakter. Ich habe im Abstand von jeweils zwei Quadraten parallel längs und quer genäht.

6 Zum Einfassen der Decke werden aus dem klein gepunkteten Baumwollstoff mehrere Streifen von 6 cm Breite zugeschnitten. Diese Streifen werden zum Band genäht, indem man den Anfang eines Streifens rechts auf rechts auf das Ende eines anderen Streifens legt und Anfang und Ende im 45°-Winkel zusammennäht. Den Überstand bis auf 5 mm zurückschneiden. Die schräge Naht verhindert einen dicken Wulst im Rand, sodass der Übergang später kaum sichtbar ist. Es entsteht ein langes Band, das ca. 1,5-mal um die Decke herumreicht. Diese Zugabe ist nötig, um die Ecken und den Abschluss nähen zu können.

7 Die Streifen der Länge nach links auf links zur Hälfte falten und bügeln.

8. Der Umbruch des Einfassbands wird nun beim Einfassen der Decke wichtig:
Beginn ist in der Mitte einer beliebigen Seite der Decke. Das Band mit der offenen Kante (nicht mit dem Umbruch) rechts auf rechts auf die Außenkante der Decke legen, aber ca. 10 cm des Einfassbands frei lassen und nicht annähen (wird später gebraucht). Mit der Nähmaschine im Geradstich (ca. 5 mm und mit ca. 0,5 cm Nahtzugabe) bis ca. 2 cm vor die Ecke steppen.

9. Das Füßchen heben, die Nadel entfernen und das Band so falten, dass eine Kante entsteht. Dabei darauf achten, den Faden nicht zu lang zu ziehen. Die Falte von der Nadel weghalten, das Füßchen senken und bis zur Ecke nähen.

10. Nadel entfernen, Füßchen heben, die Falte zur anderen Seite legen und weiter nähen. Die erste Ecke ist geschafft.
So weiter arbeiten, bis alle Ecken genäht sind und der Anfang erreicht ist. Bis knapp vor den Beginn steppen und den Faden vernähen. Es sollte noch etwas Band übrig sein. Anfang und Ende des Einfassbandes knappkantig zusammennähen und den Überschuss abschneiden.

11. Die Einfassung umbügeln.

12. Mit einer unsichtbaren Naht wird nun das Band von Hand an die Unterseite der Decke genäht. Als Markierungslinie dient die eben genähte Naht mit der Nähmaschine. Die Einfassung sollte ganz knapp über der Naht festgenäht werden. Mit der Nadel im Wechsel in die Bügelkante des Bandes und den Stoff der Unterseite einstechen.

13. In den Ecken das Band passend zum Winkel falten und annähen.

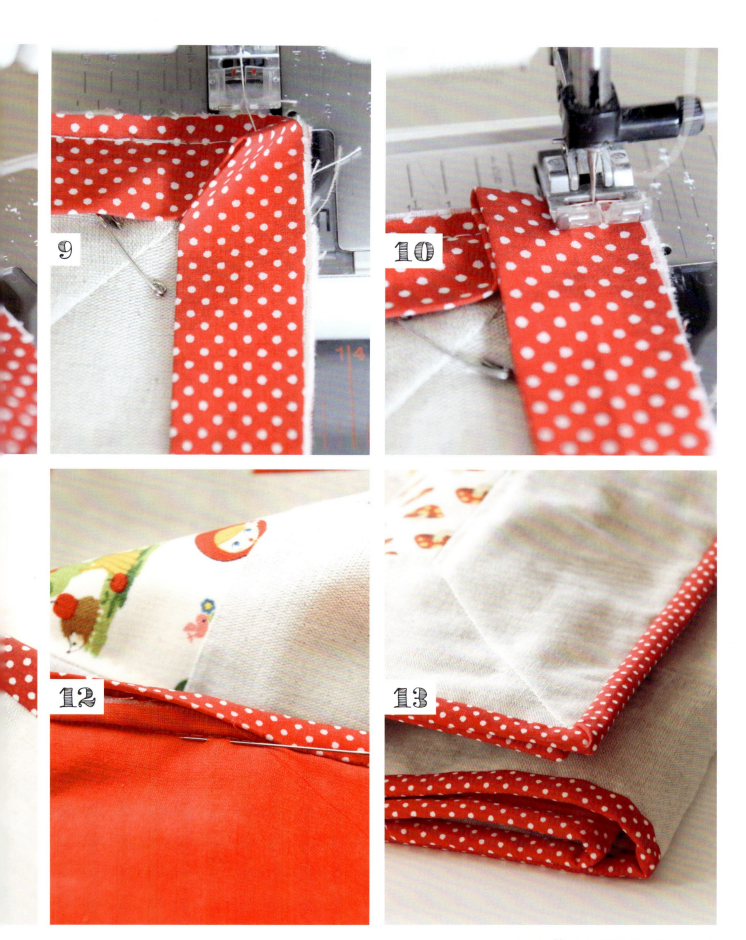

Honig-Cookies

Ich backe sehr gern und seit wir unsere Hühner haben, auch sehr oft. Irgendwo müssen wir ja hin mit unseren Eiern. Eines unserer Lieblingsrezepte sind diese Cookies, weil man die so schön überall mit hinnehmen kann. Selbst in die Leseecke.

Man nehme für ca. 50 Stück:

200 g weiche Butter	300 g Mehl
50 g Zucker	1 TL Backpulver
100 g Honig	3–4 EL Milch
1 Ei	

UND SO EINFACH GEHT'S:

1. Butter mit Zucker, Milch, Honig und dem Ei verquirlen.
2. Mehl und Backpulver mischen und unterrühren.
3. Ein Backblech mit Backpapier auslegen und mit einem in Mehl getauchten Teelöffel kleine Teigportionen aufs Papier geben.
4. Im vorgeheizten Backofen bei 180 °C ca. 12–15 Minuten backen
5. Die Cookies auf einem Gitter auskühlen lassen und luftdicht aufbewahren.

backen **Honig-Cookies**

Teppich aus Stoffstreifen

Als ich noch ein Kind war, lag im Badezimmer meiner Oma ein handgenähter Teppich aus geflochten Stoffstreifen. Er war wunderschön bunt, herrlich weich und einfach riesig.

Da meine Oma im Laufe ihres Lebens neun Kinder großgezogen hatte, fanden sich in ihrem Schrank allerlei alte Stoffe, die ihre besten Zeiten bereits gesehen hatten. Doch keine meiner Omas warf je etwas weg, wenn es noch irgendwo im Haus eine neue Verwendung finden konnte, sondern sie machten etwas daraus. Ganz offensichtlich ist diese Einstellung erblich. Da ich aber auf wesentlich weniger Kinder und somit auf entsprechend weniger gebrauchte Wäsche zurückgreifen kann, behelfe ich mir oft mit Dingen vom Flohmarkt.

Während der Arbeit an diesem Buch fiel mir der alte Teppich aus Omas Badezimmer wieder ein und wie oft ich als Kind davor saß und zu zählen versuchte, wie viele verschiedene Stoffe sie dafür verwendet hatte. Für das Kinderzimmer unseres Jüngsten arbeitete ich ihn nun etwas kleiner und wählte der Ruhe wegen nur zwei Farben. Buntes liegt bei uns meistens genug herum.

Günstig ist es, wenn man den Platz zum Arbeiten eine Weile entbehren kann. Ich habe unseren Küchentisch drei Tage lang belegt, weil ich letztendlich vorwiegend in den Abendstunden nähte. Mein Jüngster fand nämlich heraus, dass man den allerunmöglichsten Unsinn anstellen konnte, während ich an seinem Teppich arbeitete. Er schaufelte Sand aus dem Sandkasten auf die Terrasse und in den Gemüsegarten, begann die Hühner auszumisten und streute sich alles in die Haare, stellte sich komplett angezogen mehrmals in die Wasserschüssel des Hundes, warf alle Schuhe der Garderobe die Kellertreppe hinunter und war auch sonst recht kreativ, wenn es darum ging, sich selbst in Gefahr zu bringen. Die beiden Großen fanden es derweil unheimlich aufregend, an völlig neuen Orten ihre Mahlzeiten einzunehmen. Mein Mann hingegen schien recht dankbar, nach Abschluss der Arbeit wieder im Sitzen essen zu können.

flechten — Teppich aus Stoffstreifen

MATERIAL UND ZUBEHÖR:

gebrauchte Bettwäsche, evtl. vom Flohmarkt

Nähkästchen

Ich habe auch Abschnitte meiner gekürzten Leinenvorhänge genutzt.

UND SO EINFACH GEHT'S:

1. Streifen herstellen: Zuerst trenne ich den Bettbezug an seinen Nähten auf und entferne die Knöpfe. Mit der Schere den Stoff bei einer Breite von 5 cm einschneiden und einen Streifen herausreißen. Den Streifen aufwickeln, den nächsten einschneiden und herausreißen. Das mache ich so lange, bis der gesamte Bezug aufgerollt ist. Ebenso verfahre ich mit den Leinenabschnitten.

2. Teppich flechten: Drei Stoffstreifen locker miteinander verflechten. Für diesen Teppich nahm ich zwei gelbe und einen Leinenstreifen.

3. Am Ende angekommen, muss man die Stoffstreifen verlängern. Dafür das untere Ende falten, mit der Schere einschneiden, so dass ein Loch entsteht, durch das man den neuen Streifen einfädelt. Man kann ihn zur Sicherheit mit ein paar Stichen noch von Hand festnähen, das habe ich aber gar nicht gemacht.

4. Zwischendurch immer mal wieder prüfen, ob die gewünschte Größe erreicht ist. Wenn das der Fall ist, die Stoffstreifen auf einer festen Unterlage in die gewünschte Form legen.

5. Streifen vernähen: Der fertig gelegte Teppich wird mit doppeltem Faden von Hand zusammengenäht. Dafür abwechselnd mit dem verdeckten Stich, der in diesem Buch schon oft gebraucht wurde (siehe Seite 26, Schritt 5), in die geflochtenen Streifen einstechen und gerade so fest anziehen, dass der Teppich glatt und entspannt liegen bleibt.

TEPPICH AUS STOFFSTREIFEN

Babydecke mit Lieblings-Grannys

Dies ist eines meiner liebsten Granny Squares, dessen Muster ich seit Jahren immer wieder häkle. Für meine beiden Großen häkelte ich daraus ein Kuschelkissen, und als ich mit meinem dritten Kind schwanger war, eine Babydecke.

Hunderte von Maschen, jede einzelne in Liebe gehäkelt, umhüllten unseren Kleinsten in der kalten Jahreszeit. In seinen ersten Monaten diente uns ein großer alter Wäschekorb aus geflochtener Weide, den ich auf dem Flohmarkt fand, als Tagesbettchen. Den Boden des Korbes polsterten wir mit einer dick zusammengelegten Wolldecke aus und legten noch ein kleines Kissen hinein. Die meiste Zeit stand der Korb in unserer Wohnküche, die das Herz unseres Zuhauses ist.

Hier spielt sich alles ab: Hier machen die Kinder ihre Hausaufgaben, hier koche ich Marmelade ein und versuche mich an neuen Rezepten. Hier liegt der Hund unter dem Esstisch und die Katze auf dem Kanapee und hier kocht die Milch auf dem Holzfeuer über. Hier liest mein Mann abends bei einem Glas Wein und ich stricke oder häkle an einem neuen Projekt. In dieser Umgebung schlief unser Kind im Körbchen, warm eingewickelt in eine Decke aus Lieblings-Grannys.

Heute liest er auf demselben Kanapee seine Bilderbücher, mit dieser Decke über seinen Knien.

Meine Tochter kuschelt sich in der Leseecke (siehe Seite 122) mit ihrem Lieblings-Granny-Kissen ein. Aber auch auf der Terrasse (siehe Seite 7) leistet das Kissen treue Dienste. Zu unserem Picknick (siehe Seite 16) hatten wir beide, Decke und Kissen, mitgenommen.

Für die Decke unseres Kleinsten habe ich insgesamt 35 Granny Squares zusammengenäht und sie mit Spitze umhäkelt. Das Muster für die Häkelspitze von Seite 148 habe ich lediglich um eine Reihe Stb und eine Reihe durchbrochener Stb (=1 Stb, 1 Lm) ergänzt.

Für die rechteckigen Kissen unserer Großen habe ich 21 Granny Squares (Anordnung 3 3 7) gehäkelt. Diese habe ich mit so vielen Stb-Reihen umhäkelt, bis das Kisseninlett vollständig bedeckt war. Die Rückseite des Kissens ist aus Baumwollstoff gefertigt, den ich mit einer Knopfleiste versehen habe. Squares und Stoff habe ich anschließend mit der Nähmaschine zu einem Bezug zusammengenäht.

häkeln **Babydecke**

MATERIAL UND ZUBEHÖR:

300 g Baumwollgarn natur

je 50 g Baumwollgarn in verschiedenen Farben (z.B. Orange, Gelb, Weiß)

Häkelnadel 4,0

Wollnadel

UND SO EINFACH GEHT'S:

1. Jede Rd wird in sich abgeschlossen. Bei jedem Rd-Anfang werden daher immer 3 Lm gehäkelt, die als 1. Stb gelten.
   Rd 1: Häkle mit Orange 8 Lm und schließe sie mit einer Km zum Ring, in den du 11 Stb, die durch je 1 Lm getrennt sind, häkelst.

2. **Rd 2:** Häkle in jede der orangefarbenen Lm 2 gelbe Stb, die wieder durch 1 Lm getrennt werden. D. h. 3 Lm (= 1. Stb), 1 Stb, 1 Lm, dann im Wechsel 2 Stb, 1 Lm bis Rd-Ende. Es sollen 12 gelbe, durch Lm getrennte Stb-Paare werden.

3. **Rd 3:** In der 3. Rd arbeitest du die Ecken heraus. Wichtig zu wissen ist, dass der Rd-Anfang bereits in der 1. Ecke begonnen wird, die aber erst am Rd-Ende vollendet wird. Das heißt: Beginne in einer beliebigen Lm der gelben Rd mit 3 weißen Lm und 1 Stb (= erste Hälfte der Ecke), häkle 2 Lm und in die nächste gelbe Lm wieder 2 weiße Stb. Weiter im Wechsel 2 Lm, 2 Stb, 2 Lm. Nun kommst du zur 2. Ecke: Häkle in eine gelbe Lm 2 Stb, 2 Lm und 2 Stb. Die Ecke ist fertig. Weiter im Lm-Stb-Wechsel. Fahre entsprechend über die 3 Ecken fort, bis du zurück zur 1. Ecke kommst: Häkle 2 Stb, 1 Lm und verbinde diese mit 1 Km mit dem Stb des Rd-Anfangs.

4. **Rd 4:** Beginne in der 1. Ecke wie in Rd 3 und häkle 3 Lm, 2 Stb (= halbe Ecke). Häkle in jede Lm und jedes Stb der Vor-Rd jeweils 1 Stb bis zur 2. Ecke. Dort häkle 3 Stb, 3 Lm, 3 Stb in die mittlere Lm. Weiter geht's mit 1 Stb in jede M der Vor-R. Arbeite die 3. Ecke wie die 2. Ecke und arbeite weiter bis zum Rd-Ende. Beende die 1. Ecke mit 3 Stb, 2 Lm und verbinde mit 1 Km.

5. **Rd 5:** Zum Abschluss häkle in jede M der Vor-R 1 fM. In den Ecken häkle in die Lm-Bögen jeweils 6 fM. Nun ist dein erstes Lieblings-Granny-Square fertig – lass viele folgen!

Granny-Ripple-Kissen

Kissen sind eine wundervolle Möglichkeit, einem Raum mit wenig Aufwand ein anderes Gesicht zu geben und aus einer schnöden Ecke ein kuscheliges Plätzchen zu zaubern.

Ich mag es, wenn die Dinge einen Nutzen haben, und daher häkle ich auch sehr gern Kissenhüllen. Ein besonders liebgewonnenes Muster ist das Chevron-Muster, das man bei uns zuhause oft entdecken kann. In der Häkelsprache nennt man es auch Granny Ripple. Mit zarten Farben gehäkelt, passt es in die Leichtigkeit der warmen Sommermonate und in kräftigen, erdigen Tönen schmückt es einen Raum in den Wintermonaten, wenn die Tage kurz sind und wir es rustikaler mögen.

Dieses Kissen nehme ich gern überall hin mit. Hinaus in den Garten, um müde Glieder nach dem Jäten zu entspannen, und auf die kleine Bank neben dem Hühnerhaus, wenn die Sonne scheint, die Kinder selbst gemachte Zitronenlimonade trinken und ich in einer Zeitschrift blättere. Ich finde, jeder Haushalt sollte mindestens ein Chevron-Kissen haben.

Das Zickzackmuster entsteht durch die Zunahmen (aufsteigende Spitze) und Abnahmen (absteigende Spitze) innerhalb einer Reihe. Eine Zu- bzw. Abnahme umfasst immer drei Maschen, die entweder zusätzlich oder zu einer Masche zusammengefasst gehäkelt werden.

Mein Farbwechsel umfasst drei Reihen und die Ripples arbeite ich in jeder siebten Masche. Das Muster ist mit Stäbchen gehäkelt. Man kann es natürlich auch mit halben Stäbchen oder festen Maschen häkeln.

Wichtig: Für einen geraden Seitenrand muss beim Ripplemuster die erste Masche am Reihenbeginn übersprungen werden.

häkeln — Granny Ripple Kissen

MATERIAL UND ZUBEHÖR:
für ein Kissen 35 × 35 cm

100 g Baumwollgarn natur

100 g Baumwollgarn hellgelb

Häkelnadel 4,5

einen alten Kissenbezug mit Knopfleiste für die Rückseite

Jede R mit 3 Wende-Lm beginnen.

UND SO EINFACH GEHT'S:

1. 66 Lm (= 63 Stb plus Wende-Lm-Bogen) anschl, wenden und in der 4. Lm beginnend über die Rück-R in jede Lm 1 Stb häkeln. Jetzt 6 Stb häkeln. Für die Abn die nächsten 3 Stb zus abm.

2. **R 2:** Weiter geht's mit 6 Stb. Nun für die Zun in die nächste M der Vor-R 3 Stb häkeln. Im Wechsel weiter 6 Stb, Abn, 6 Stb, Zun häkeln bis zum R-Ende. Dort in die letzte M der Vor-R 2 Stb häkeln. Wenden.

3. **R 3** und folgende: Wende-Lm häkeln, anschließend 6 Stb und dann die Zun und Abn häkeln, wie sie erscheinen, mit jeweils 6 Stb dazwischen. Die R müssen stets mit 7 Stb enden, damit der Rand gerade verläuft. Danach wenden. Ich habe immer nach 3 R einen Farbwechsel vorgenommen.

4. Die Rückseite des Kissens könnte ebenfalls gehäkelt werden oder aber, wie in meinem Beispiel, genäht werden. Dafür habe ich die Rückseite eines alten Kissenbezugs mit Knopfleiste verwendet. Die Häkelseite bündig aufgelegen und die Stoffseite im selben Maß wie das Häkelstück zuschneiden. Die Nahtzugabe ist dabei inklusive. Anschließend habe ich die beiden Teile rechts auf rechts gelegt und mit der Nähmaschine rundherum abgesteppt.

Mein Tipp:
Wenn die Abstände zwischen den Knöpfen zu groß sein sollten, nähe ich einfach im gewünschten Abstand zusätzliche Knöpfe an.

GRANNY-RIPPLE-KISSEN 145

Gehäkelte Spitze

Selbst gehäkelte Spitze wertete früher Alltagsgegenstände auf und war der Stolz der Hausfrau. Ganze Aussteuergarnituren wurden mit Spitze umsäumt, und nicht zuletzt daran zeigte sich der Wert des Mitgebrachten und gleichzeitig die Begabung der jungen Frau, die sie hergestellt hatte. Je zarter, umso besser.

Diese Zeiten sind inzwischen lang vergangen. Aber warum sollten wir nicht ein kleines bisschen des alten Glanzes in unser Heim holen? Maschinell hergestellte Spitze kann man inzwischen zwar überall kaufen, doch das ist gar nicht nötig. Häkelspitzen kann man sich in kürzester Zeit selbst machen. Aus der Vielzahl aller möglichen Formen und Muster – von einfach bis zu äußerst kompliziert – habe ich hier eine schlichte kleine Spitze entworfen, die leicht zu häkeln ist und dennoch einen dekorativen Wert hat.

Mein Tipp: Spitzen zu häkeln ist eine angenehme kleine Arbeit für zwischendurch. Zur Aufbewahrung eignen sich wunderbar leere Garnrollen aus Holz.

häkeln **Gehäkelte Spitze**

MATERIAL UND ZUBEHÖR:

feines Häkeldeckchengarn

Nähmaschine

Häkelnadel 2,0

Zu Beginn jeder R werden 3 Wende-Lm gehäkelt.

UND SO EINFACH GEHT'S:

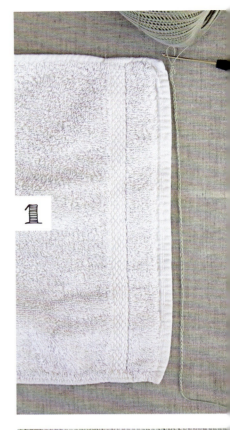

1. **R 1:** Mit der Häkelnadel eine Lm-Kette in benötigter Länge anschl und die Kette wenden.
2. **R 2:** Wende-Lm häkeln (= 1. Stb), danach in jede M aus R 1 ein Stb häkeln. Wenden.
3. **R 3:** Wende–Lm häkeln und nun abwechselnd für das Lochmuster 1 Stb und 1 Lm in die M der vorhergehenden R häkeln. Wenden.
4. **R 4:** Wende-Lm häkeln und für die Spitze in die erste Aussparung 4 Stb häkeln.
5. In die nächste Aussparung 1 Km arbeiten. Ab jetzt im Wechsel je Aussparung jeweils 5 Stb bzw. 1 Km häkeln bis zum R-Ende.
6. Jede R muss mit 1 Km enden. Faden gut vernähen. Die fertige Spitze mit der Nähmaschine im Steppstich (4–5 mm) annähen. Nun kann jedes beliebige Textil verschönert werden.

Mein Tipp: Ganz romantisch wird es, wenn die gehäkelten Spitzen als Blende für Regalfächer in Schränken oder an Sprossenfenstern befestigt werden.

GEHÄKELTE SPITZE ~ 151

Besticktes Handtuch

Mit wenigen Stichen wird ein schlichtes kleines Textil zu einem wundervollen Kleinod aufgewertet. Ich habe so ein Gästehandtuch verschönert. Es macht Freude, von hübschen Dingen umgeben zu sein, das sollte auch für unseren Besuch spürbar sein.

MATERIAL UND ZUBEHÖR:

1 einfaches Gästehandtuch

Stickgarn (hier Anchor von Coats)

etwas Stramin

Nähkästchen

selbst gehäkelte Spitze (Seite 148)

UND SO EINFACH GEHT'S:

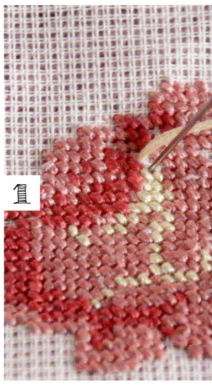

1. Den Stramin auf dem vorgewaschenen Handtuch feststecken oder mit ein paar Stichen anheften. Das Bild ist mit Gobelinstichen gestickt: Dieser Stich wird von links oben nach rechts unten geführt, wie ein halber Kreuzstich ohne Rückstich. Wichtig: Um den Flor des Handtuchs zu überdecken, das Garn nicht spalten, sondern im Ganzen verarbeiten.

2. Das Stickbild nach Vorlage auf das Handtuch übertragen. Danach den nicht mehr benötigten Stramin entfernen. Dazu mit einer feinen Schere nahe am Bild den Überstand entfernen.

3. Die verbliebenen Fäden einzeln herausziehen oder ganz knapp am Stickbild abschneiden. Am Saum eine selbst gehäkelte Spitze mit Stecknadeln feststecken und mit der Nähmaschine (Geradstich 3–4 mm) annähen. Fäden vernähen.

> sticken Handtuch

2

3

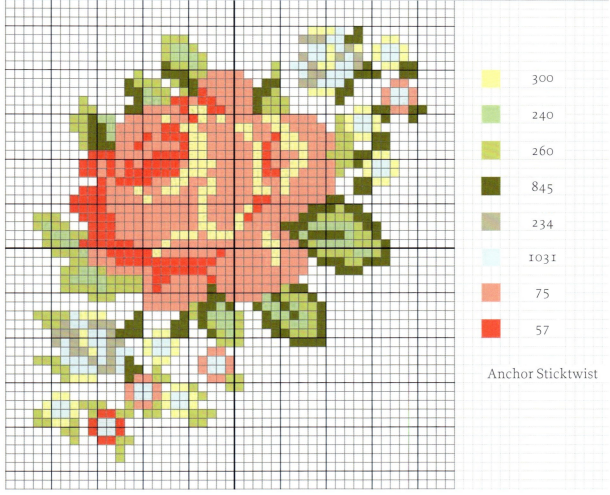

	300
	240
	260
	845
	234
	1031
	75
	57

Anchor Sticktwist

∽ BESTICKTES HANDTUCH ∾ 153

Legwarmies für den Hocker

Gegenstände mit Garn zu ummanteln ist sehr beliebt. Im öffentlichen Raum werden beim Yarn Bombing ganze Baumstämme, Fahrradständer oder Brückengeländer mit Häkel- oder Strickkleidern überzogen. Alles, was irgendwie mit Häkeln oder Stricken zu tun hat, fasziniert mich, also holte ich den Trend des Yarn Bombing zu uns nach Hause und häkelte unserem Allzweckhocker, den wir täglich im Gebrauch haben, ein paar warme Beinstulpen. Dies ist so ganz nebenbei eine weitere tolle Art, Wollreste zu verwerten. Für unseren Kleinsten bedeutet das Händewaschen und Kuchenstibitzen mit Stil.

Mein Tipp: Anstatt bei glatten Böden Filzgleiter an Stuhlbeinen anzubringen, können die Legwarmies wie bei unserer Thermoskanne (Seite 104) mit einem Boden gehäkelt werden. Das vermeidet Rutschgeräusche ebenso gut wie die üblichen Filzgleiter.

MATERIAL UND ZUBEHÖR:

50 g Baumwollgarn in unterschiedlichen Farben

Häkelnadel 3,5

UND SO EINFACH GEHT'S:

1. Mit der Häkelnadel eine Lm-Kette häkeln.

2. An das Stuhlbein anpassen und mit einer Km schließen. In Rd weiterhäkeln. Ich habe hier nur mit fM gearbeitet, doch man kann ebensogut hStb, Stb oder dStb arbeiten. Auch jedes andere Häkelmuster ist möglich. Dabei aber immer auf guten Sitz achten. Stuhlbeine sind eine gute Gelegenheit, neue Muster auszuprobieren, die man später vielleicht in größeren Projekten einsetzen möchte.

3. Je nach Geschmack oder Länge der Fäden die Farben wechseln und in beliebige Höhe häkeln. Auch die Höhe der Legwarmies kann man ganz individuell gestalten. Nach dem Ende der Arbeit noch alle Fäden vernähen. Ruckzuck ist so die erste Stulpe fertig. Das Ganze dann noch mal vier. Alle gleich oder ganz kunterbunt gemischt, alles ist erlaubt.

LEGWARMIES FÜR DEN HOCKER ~ 157

Fußbänkchen mit Granny-Square-Cover

Einem alten Fußbänkchen, das seine besten Tage hinter sich hatte, verhalf ich mit etwas Farbe und einem Häkelüberzug zu neuem Glanz.

Zuerst entfernte ich den absplitternden Kunststoffüberzug und lackierte es weiß. Für den Überzug nahm ich zwölf kleine Granny Squares in sanften Farbtönen, nähte sie zusammen und häkelte einen Rahmen rundherum.

Seither steht es neben unserer Haustür und unser Jüngster benutzt das Fußbänkchen, um seine Schuhe anzuziehen. An warmen Tagen nehmen wir es auch gern mit in den hinteren Teil unseres Gartens und in die kleine Leseecke, die wir uns dort zwischen Hühnerhaus und Hasenstall eingerichtet haben.

Mein Tipp: Für einen rutschfesten Sitz ist die genaue Passform wichtig. Lege das Cover darum regelmäßig zum Maßnehmen auf den Hocker auf. Sitzt es etwas locker, hilft es, an den Seiten in regelmäßigen Abständen Maschen abzunehmen.

MATERIAL UND ZUBEHÖR:

Fußbänkchen

Wollreste

Häkelnadel in passender Stärke

weißer (Sprüh-)Lack

UND SO EINFACH GEHT'S:

1. Je nach Originalzustand das Fußbänkchen gründlich reinigen und eventuelle Überzüge entfernen, bevor man es neu lackieren kann.

2. Dieses kleine Granny Square ist in nur 3 Rd fertiggestellt.
   Rd 1–2: Die ersten beiden Rd werden wie bei dem Riesen-Granny-Blanket (siehe Seite 28) gehäkelt.
   Rd 3: In jedes Stb und jede Lm der Vorrunde wird reihum ein Stb gehäkelt. In die Ecken werden jeweils 6 Stb gehäkelt.
   Um zu wissen, ob du ausreichend Granny Squares gehäkelt hast, lege sie zur Probe auf dem Fußbänkchen nebeneinander.

3. Sind es genügend, um das Bänkchen zu bedecken, nähst du alle Squares zusammen. Achte darauf, die jeweils gegengleichen Stb zweier Squares zusammen zu nähen.

4. Sind alle Squares vernäht, das Cover noch einmal zum Maßnehmen auf den Hocker legen. Bedeckt es den Hocker vollständig, häkelst du Stb rundherum, bis das Fußbänkchen an den Seiten ganz umschlossen ist. In meinem Fall passte das Cover nicht ganz auf die Fläche, weshalb ich eine weitere Stb-Rd als Rahmen mit Zun in den Ecken häkelte, bevor ich die Seitenteile durch 2 Rd ohne Zun in den Ecken umschloss.

∽ FUSSBÄNKCHEN MIT GRANNY-SQUARE-COVER ∽ 161

Wäscheleine

Seit wir unseren Garten anlegten, träumte ich von einer Wäscheleine im Freien. Mit Wäsche, die an warmen Tagen in der Sonne trocknet und sich sanft im Wind wiegt.

Meine Großeltern hatten einen großen Garten mit Obst- und Gemüsegarten darin. Es gab lange Reihen mit Karotten, Salat und allerlei anderem Gemüse, einen eigenen Kartoffelacker, riesige Sträucher mit Johannisbeeren, Stachelbeeren, Himbeeren und Erdbeerbeete. Äpfel, Haselnüsse, Pflaumen – alles kam aus dem Garten meiner Großeltern, wurde in große und kleine Gläser eingemacht, zu Marmelade verkocht oder auf Holzrosten gelagert. Ein Besuch in ihrem Vorratskeller kam einem Ausflug ins Schlaraffenland gleich. Egal was wir uns als Beilage zu unseren Kartoffelpuffern wünschten, es war da. Das sind meine schönsten Kindheitserinnerungen.

Entlang der Gartenwege hatte mein Opa in regelmäßigen Abständen Pfosten in die Erde geschlagen und eine Wäscheleine daran befestigt. Meine Oma hatte Waschtage und kochte ihre Wäsche in der Waschküche zum Teil noch auf dem Holzofen in einem großen Topf, in dem sie mit einem riesigen Löffel die Wäsche umrührte. Die fertig gewaschenen Kleidungsstücke hängte sie an sonnigen Tagen im Garten zwischen ihrem Obst und Gemüse auf. Nie werde ich den Duft nach frisch gewaschener Wäsche vergessen, während wir Kinder naschend durchs Erdbeerbeet zogen.

Mein Tipp:

Sonne und Feuchtigkeit sind natürliche Bleichmittel. Man spart Fleckenmittel und Wäschebleiche gegen Grauschleier, wenn man feuchte Wäsche im vollen Sonnenlicht trocknen lässt. Grasflecken, Karottenbrei und viele andere Flecken verschwinden innerhalb kurzer Zeit von ganz allein und weiße Wäsche bleibt strahlend weiß.

heimwerken Wäscheleine

Ein geeigneter Ort

Unser eigener Garten ist noch jung und die Bäumchen können noch keine Wäscheleine tragen. Auch unser Gemüsegarten hat noch nicht die Ausmaße wie der meiner Großeltern. Zwischen unserem Haus und dem Hühnergehege führt ein schmaler Weg zum Hühnerhaus und dem Hasenstall. Eines Tages erwähnte ich, dass das ein Plätzchen für unsere Wäscheleine sein könnte. Am Wochenende darauf machten mein Mann und mein ältester Sohn mir die große Freude und spannten für mich eine Wäscheleine quer über den Pfad.

Da sicher nicht in jedem Garten ein Hühnergehege gleich neben der Hausmauer angelegt ist, kann unsere Machart einer Wäscheleine lediglich als Beispiel dienen. Doch wo ein Wille, da ist sicherlich auch irgendwann eine Leine. Geh doch einmal mit offenen Augen durch deinen Garten oder sieh dir deinen Balkon genau an. Mit etwas handwerklichem Geschick und Improvisationsgeist kann eine Wäscheleine fast überall ihren Platz finden.

MATERIAL UND ZUBEHÖR:

2 schmale Holzleisten à 7 × 110 cm

20 stabile Haken mit Schraubgewinde (10 pro Seite, Anzahl individuell)

Wäscheleine

Dübel

Akkuschrauber

UND SO EINFACH GEHT'S:

1. Zuerst werden die gewünschten Abstände (bei uns 10 cm) der Haken auf den Holzleisten abgemessen und mit einem Bleistift markiert. Mit einem Akkuschrauber kann man die Löcher für die Haken an den markierten Stellen vorbohren. Das ist aber nicht zwingend notwendig. Anschließend drehst du die Haken von Hand ins Holz.

2. Bei uns hat mein Mann dann eine der Holzleisten mittels Dübel an der Wand befestigt, die andere wurde an einem hölzernen Pfosten angeschraubt. Richte dich einfach nach deinen Gegebenheiten.

3. Nun braucht man nur noch die Wäscheleine straff zwischen den Haken hin- und herspannen. Das war's auch schon.

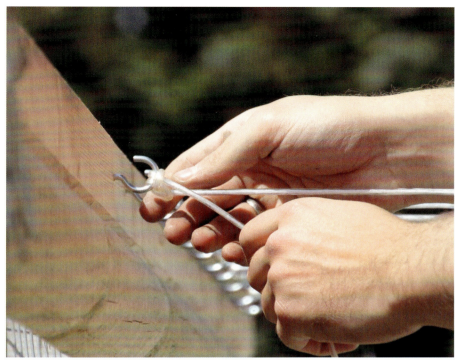

Wäscheklammer- beutel

Um Wäscheklammern aufzubewahren, nähte ich mir einen kleinen Wäscheklammerbeutel aus einem Geschirr- und einem Taschentuch.

MATERIAL UND ZUBEHÖR:

Kinderkleiderbügel aus Kunststoff

Geschirrtuch

Taschentuch

weicher Bleistift

Häkelspitze (Seite 148)

Nähkästchen

Nähmaschine

Bügelstation

UND SO EINFACH GEHT'S:

1. Das Geschirrtuch rechts auf rechts zur Hälfte falten. Den Bügel an der offenen Kante auflegen. Mit dem Bleistift und einem Abstand von 5 mm für die Nahtzugabe entlang des Bügels und entsprechend seiner Breite eine Markierungslinie ziehen.

2. Den Stoff entlang der Linie zuschneiden. Die Rundungen des Beutels mit Hilfe eines Tellers zzgl. Nahtzugabe an den unteren beiden Ecken anzeichnen und zuschneiden. Es liegen nun zwei Teile (Vorder- und Rückseite) des Geschirrtuchs fertig zugeschnitten vor.

3. Für die Öffnung den obenliegenden Teil des Zuschnitts ca. 2 cm über der Hälfte teilen.

4. Für die Blende einen 3 cm breiten Streifen aus den umsäumten Resten des Geschirrtuchs in der Beutelbreite abmessen und zuschneiden. Rechts auf rechts an der oberen Hälfte feststecken (dabei auf das Muster achten) und mit Geradstich annähen.

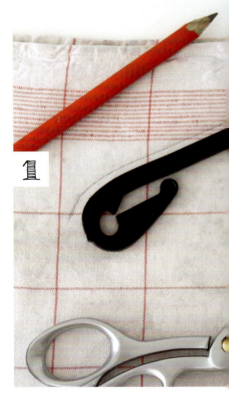

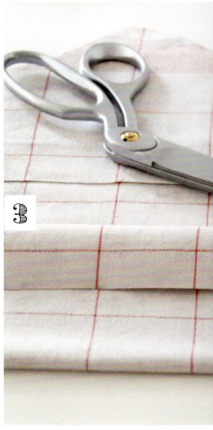

5 Das Taschentuch lose auf die untere Hälfte des Geschirrtuchs auflegen und mit der Schere zuschneiden. Die bisher noch geschlossene Kante des Geschirrtuchs aufschneiden.

6 Häkelspitze entsprechend der Breite des Beutels anfertigen (siehe Seite 148). Taschentuch und Spitze auf die untere Hälfte des Beutelteils passgenau auflegen. Untere Hälfte des Vorderteils, das zugeschnittene Taschentuch und die Häkelspitze mit Stecknadeln fixieren und mit Geradstich mit einer auf die Spitze abgestimmten Nähgarnfarbe zusammennähen. Obere und untere Hälfte des Vorderteils so aufeinanderlegen, dass die Naht der Blende von der Spitze etwas überdeckt wird. Vom Rand ausgehend beide Teile mit einer kurzen Naht (2 cm, siehe Bleistift im Bild) zusammennähen. Die Vorderseite des Beutels ist fertig.

7 Vorder- und Rückseite rechts auf rechts aufeinander legen, feststecken und mit der Nähmaschine im Geradstich (4 mm) zusammennähen. Dabei die Spitze oben aussparen, um den Bügel durchschieben zu können. Den Beutel wenden, bügeln und den Kleiderbügel einschieben. Die Aussparung der Spitze nach innen umstülpen. Fertig. Mit an die Leine gehängt kann man den Wäschebeutel beim Wäscheauf- und abhängen bequem vor der Wäsche herschieben und hat immer die Hände frei für die Arbeit.

Mein Tipp: Ein Beutel samt Wäscheklammern ist auch ein nettes Geschenk, das nicht viel kostet. Z. B. wenn die Kinder groß werden, ausziehen und fortan ihre Wäsche selbst waschen und aufhängen müssen.

WÄSCHEKLAMMERBEUTEL ~ 169

Bestickte Geschirrtücher

Als vor ein paar Jahren unser betagter Geschirrspüler den Geist aufgab, beschlossen wir in einer lauen Sommernacht auf der Terrasse bei einem Glas Wein, den Versuch zu wagen und von Hand zu spülen.

Da wir uns nicht ganz sicher waren, wie praktikabel unser kleines Experiment in einem Haushalt mit fünf Personen und Gästen auf Dauer sein würde, ließen wir die Lücke, die der Geschirrspüler hinterließ, erst einmal leer.

Ein Jahr und viele, viele schöne und intensive gemeinsame Spülgespräche später, welche völlig ungestört von den Kindern blieben (die, sobald das Spülwasser einläuft, plötzlich ganz leise werden und unauffällig verschwinden), beschlossen wir, die Lücke wieder zu füllen. Allerdings nicht mit einem Geschirrspüler, sondern mit einem zweiten Schubladenschränkchen. Seither spülen wir von Hand und genießen es. Inzwischen bin ich in der Auswahl guter, funktionaler Geschirrtücher sehr erfahren geworden. Was man nicht alles lernen kann.

Irgendwann einmal, es war an einem stürmischen kalten Winterabend, im Küchenherd knisterte ein Feuer, im Radio lief ein Krimi mit Miss Marple, begann ich, meine Geschirrtücher mit Stickereien zu verzieren. Das habe ich beibehalten. Ich finde es schön, wenn mich ganz alltägliche Gebrauchsgegenstände, wie eben ein einfaches Geschirrtuch, mit einem Lächeln in Form einer Stickerei begrüßen.

sticken **Geschirrtuch**

MATERIAL UND ZUBEHÖR:

Stickgarn kirschrot
(z.B. Anchor Sticktwist
Nr. 47 von Coats)

Geschirrtuch

Nähkästchen

Bügelstation

KREUZSTICH:

Gestickt wird bei gröberen Stoffen immer über zwei Gewebefäden in der Länge und Breite. Der Kreuzstich selbst besteht aus einem Unter- und einem Deckstich, die kreuzweise übereinander gestickt werden. Dabei wird in der Hinreihe der Unterstich von der Rückseite des Stoffes beginnend immer von links oben nach rechts unten gestochen. In der Rückreihe wird der Deckstich dagegen immer von rechts oben nach links unten gestickt. Es ist wichtig, diese Reihenfolge einzuhalten, um ein schönes Stichbild zu erhalten. Auf der Rückseite stehen beide Fäden senkrecht.

UND SO EINFACH GEHT'S:

1. Stickgarn wird als Spaltgarn bezeichnet, da man es zum Sticken nie als ganzen Faden verwendet, sondern es teilt. Je nach Gewebegröße des Ausgangsmaterials spaltet man das Garn in zwei bzw. drei Fäden. Schneide für deine Arbeit das Stickgarn in gewünschter Länge zu (ca. 50 cm) und spalte es. Ich habe zweifädig gearbeitet.

2. Errechne durch Auszählen der Gewebefäden des Geschirrtuchs die gewünschte Position, bei sehr kleinen Motiven wie den Herzen kann auch nach Gefühl gestickt werden, und sticke das Muster anhand der Vorlage auf.

3. Bei mehrfarbigen Mustern ist es sinnvoll, zuerst die dominierende Farbe und anschließend die weniger oft verwendeten Farben einzusticken. Im Falle der Blumenranke sticke also mit Grün die Ranke in die gewünschte Höhe und setze anschließend die Blüten ein.

4. Nach Beendigung der Arbeit alle Fäden sauber vernähen und das Tuch glatt bügeln.

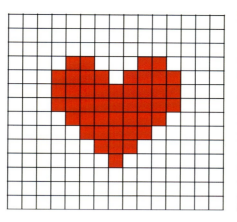
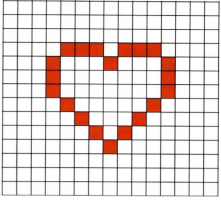

Mein Tipp:

Das Geschirrtuch sollte etwas gröber gewebt sein, damit die einzelnen Gewebefäden gut zu erkennen sind. Bei sehr feinen Stoffen mit Stramin arbeiten (siehe Handtuch Seite 152).

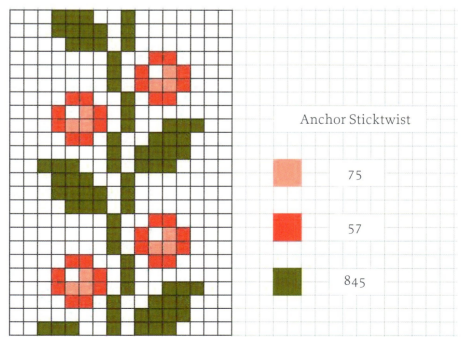

Anchor Sticktwist

	75
	57
	845

BESTICKTE GESCHIRRTÜCHER

Wenn Kinder und Teen feiern

Papierlampions für die Gartenparty

Zu einem gelungenen Sommer gehört für mich ein Gartenfest mit der Familie oder Freunden. Sonne, eine leichte Brise, schattenspendende Bäume, kleine Leckereien und schöne alte Kinderspiele machen einen solchen Nachmittag perfekt.

An einem schönen Sommertag überraschten das Kleinste Kind und ich ganz ohne besonderen Anlass unsere Großen mit einer kleinen Gartenparty. Bei der Auswahl meiner Dekoration wurde ich in meinen Kindheitserinnerungen fündig. Papierlampions bastelten wir schon im Kindergarten mit Leidenschaft und einer Hingabe, die schier unerschöpflich war. Das Schöne an ihnen ist, dass sie leicht und schnell herzustellen sind und praktisch nichts kosten.

An diesem Vormittag bereiteten unser Kleinster und ich alles vor. Wir backten einen kleinen Kuchen, stellten Tisch und Stühle unter unseren jungen Zwetschgenbaum und pflückten Blumen (und unser Kleinster Gras) für einen kleinen Strauß. In die Zweige unserer jungen Obstbäumchen hängten wir selbst genähte Wimpelketten (siehe Seite 58) und unsere Papierlaternen. Wenige Tage zuvor hatte ich auf dem Flohmarkt ein paar alte Lampions gefunden, die wir nun ganz wunderbar unter unsere selbst gemachten mischen konnten.

Während wir mit den Vorbereitungen beschäftigt waren, überwand eine unserer vorwitzigeren Hennen aus Neugierde den Geflügelzaun und kam auf einen Pick vorbei. Unser Kleinster liebt es, die Hühner mit Bröseln zu füttern. So etwas merken sie sich natürlich.

Den Nachmittag verbrachten wir mit viel Gelächter beim Apfelfischen, Fangen und Verstecken spielen und Kuchenzerbröseln.

Immer wieder freue ich mich, dass es oft gar nicht viel braucht, um Kinder glücklich zu machen.

basteln Papier-lampions

MATERIAL UND ZUBEHÖR:

DIN-A4-Papierbögen, farbig bedruckt

Schere

Klebestift

Wäscheklammern

Bindfaden, Loch- und Ösenzange, sowie Ösen (optional)

Paketband

evtl. Teelichter oder andere Beleuchtungsmittel

UND SO EINFACH GEHT'S:

1. Den Papierbogen der Länge nach zur Hälfte falten und mit der Schere am Falz im Abstand von jeweils 1,5 cm einschneiden bis 2 cm vor den gegenüberliegenden Rand.

2. Den Bogen auffalten und die beiden Schmalseiten des Papiers gegeneinander einrollen. Der Falz liegt waagrecht. Mit dem Klebestift eine Seite bestreichen, die andere Seite passgenau darüberlegen und mit Wäscheklammern fixieren, bis der Kleber getrocknet ist.

3. Die Lampions können über ein weißes Öllicht oder ein Glas mit Teelicht gestülpt werden. Bitte unbedingt auf einen kinder- und katzensicheren Platz achten und die Kerze nicht unbeaufsichtigt brennen lassen! Sicherer, wenn auch weniger romantisch, ist die Verwendung von LED-Teelichtern.

4. Sollen die Lampions aufgehängt werden, hat es sich bewährt, mit einer Lochzange zwei Löcher vorzustanzen und mit einer Ösenzange Ösen zu befestigen. Das scheuert bei Wind weniger und verlängert die Lebensdauer der Laterne. Alternativ kann natürlich auch, wie damals im Kindergarten, die Aufhängung durch Nadel und Bindfaden gemacht werden.

PAPIERLAMPIONS FÜR DIE GARTENPARTY

Sommerfest

Wer keinen Garten oder Balkon zur Verfügung hat, packt seinen Picknickkorb und sucht einen schönen, ruhig gelegenen Platz im Freien. Mit einer Picknickdecke, kleinen Leckereien und ein wenig Dekoration lässt sich auch so eine kleine, feine Feier inszenieren. Die meisten alten Kinderspiele (Blinde Kuh, Fangen, Verstecken, Topfschlagen, Schnitzeljagd) kommen ohne viel Equipment aus und halten sogar noch ältere Kinder bei Stimmung. Bitte daran denken: Landwirte, Förster und Spaziergänger sind dankbar, wenn der Platz so verlassen wird, wie er vorgefunden wurde.

Tischdekoration

Unseren Kindertisch deckten wir mit einem Geschirrtuch als Tischdecke, den Untersetzern aus Holzperlen (siehe Seite 62) und bunt zusammen gewürfeltem Geschirr vom Flohmarkt. Die Vase ist eine alte Zuckerdose ohne Deckel und ebenfalls vom Flohmarkt. Unsere Etagere haben wir mittels einer kleinen Auflaufform und einem alten Unterteller (auch der ist vom Flohmarkt) selbst gemacht. Dazu einfach die Form verkehrt herum auf den Tisch stellen, den Teller mittig auflegen und den Kuchen darauf stellen. Schon fertig – aber halt, die Minigirlande von unserer Schokoladentorte (Seite 52) kam ebenfalls zum Einsatz.

Das alte Kinderspiel Apfelfischen

Für dieses gleichsam simple wie lustige Partyspiel füllten wir eine Zinkwanne mit Wasser und ließen Äpfel darin schwimmen. Die Aufgabe ist nun, einen Apfel herauszufischen, aber nur mit dem Mund. Die Hände dürfen nicht helfen. Noch schwieriger wird es, wenn pro Kind nur ein Apfel ins Wasser gegeben wird und die Arme auf dem Rücken verschränkt werden müssen.

SOMMERFEST 181

Platzsets

Als ich bei der Durchsicht unserer Stoffservietten diejenigen mit bleibenden Flecken vom alltäglichen Gebrauch aussortierte, fand ich sie aufgrund ihrer Qualität aber noch zu schade zum Wegwerfen.

Ich schnitt kurzerhand die Teile mit den Flecken ab und nähte aus den verbliebenen Stücken Platzsets für unseren Jüngsten. Sie variieren ein wenig im Format, da nicht alle Stücke gleich groß ausfielen, was sie noch liebenswerter macht. Für das Besteck nähte ich seitlich kleine Schlaufen an, damit nichts mehr hinunterfällt, was gerade nicht gebraucht wird. Für die Zierleiste wählte ich Streifen aus den wunderschönen japanischen Designs, die er so gern mag. Wir lieben sie. Sie zaubern Fröhlichkeit auf den Tisch und werden sogar für jeden noch so kleinen Keks als Unterlage verlangt.

Mein Tipp: Für Abwechslung auf dem Küchentisch sorgen Platzsets in verschiedenen Designs. Wenn das Platzset abwaschbar sein soll, anstelle der Stoffserviette gewachsten Baumwollstoff verwenden.

MATERIAL UND ZUBEHÖR:

für ein Platzset von ca. 23 × 30 cm Größe

ausgemusterte Stoff-
servietten (hier Linum)

Baumwollstoffe/-streifen
verschiedener Designs oder
Jelly Roll

Volumenvlies

Ripsband

Markierstift weiß
(hier Clover)

Patchwork-Set

Nähkästchen

Nähmaschine

Bügelstation

UND SO EINFACH GEHT'S:

1. Für eine Stoffserviette (19 × 30 cm) einen Baumwollstreifen (4 × 30 cm) als Zierleiste zuschneiden (0,5 cm Nahtzugabe ist enthalten). Streifen und Serviette rechts auf rechts legen, feststecken und mit Geradstich (4 mm) steppen. Wenden und bügeln. Volumenvlies und Baumwollstoff für die Rückseite passend zuschneiden, alles aufeinander legen und zusammenstecken.

2. Die Schichten diagonal von einer Ecke der Stoffserviette zur andern steppen. Die Zierleiste wird ausgespart. Die Stepplinien verlaufen parallel im Abstand von 3,5 cm. Den Verlauf der Stepplinien mit Markierstift und Lineal vorzeichnen.

3. Mit dem Geradstich (4 mm) den Linien folgend nähen. Vom Ripsband zwei 6 cm lange Stücke zuschneiden, zur Hälfte falten, mit Stecknadeln an den Seitenmitten feststecken und annähen. Dabei innerhalb der Nahtzugabe (5 mm vom Rand aus) bleiben.

4. Einen Baumwollstreifen (6 × 130 cm) zuschneiden. Zur Hälfte falten, bügeln und mit den offenen Kanten nach außen rechts auf rechts auf die Platzsetoberseite legen. Mit Geradstich rundum steppen. Die Ecken wie bei der Rotkäppchendecke (siehe Seite 124) arbeiten. Am Ende die überstehenden Kanten zusammennähen, kürzen, das Einfassband wenden und nach hinten umbügeln.

5. Einfassstreifen auf der Rückseite von Hand mit einem unsichtbaren Stich annähen. Ich habe noch ein kleines „Hab-dich-lieb-Herz" in eine Ecke des Sets gestickt.

Mein Tipp: Auch das Geschirrtuch (siehe Seite 170) ist mit einem Herz bestickt. Dort ist auch die Stickgrafik für ein gefülltes Herz zu finden.

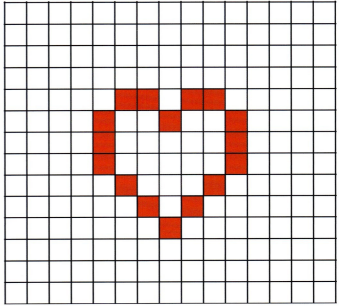

PLATZSETS ~ 185

Paper Globes

Paper Globes, selbst gebastelte Papierkugeln, sind ein niedliches Dekoelement, das sowohl im Kinderzimmer als Mobile wie auch in Haus, Garten oder auf den Balkon einen Hauch Frische und Leichtigkeit zaubert.

Globes sind leicht und schnell gemacht und durch ihre Einfachheit auch für bastelnde Kinderhände geeignet. Für die hier gezeigten Globes wurden nur 6 Papierstreifen verwendet, um die Kugel luftig zu gestalten. Je mehr Papierstreifen man verwendet, desto dichter wird der Globe.

In der winterlichen Jahreszeit wirken dichtere Globes besonders stimmungsvoll, wenn sie über die Kerzen einer Lichterkette gespannt werden.

MATERIAL UND ZUBEHÖR:

farbiges Papier   Musterbeutelklammern

Schere   Nähkästchen

Lochzange

UND SO EINFACH GEHT'S:

1. Je Kugel (ca. 6 cm Durchmesser) 6 Streifen à 1,5 × 10 cm zuschneiden. Die Streifen übereinanderlegen. Mit der Lochzange ca. 1 cm von den Enden je ein Loch stanzen. Klammern locker einsetzen.

2. Den Ball mit dem untersten Streifen beginnend vorsichtig auffächern, bis eine Kugel entsteht. Für eine Aufhängung einen Faden unter der Klammer durchfädeln.

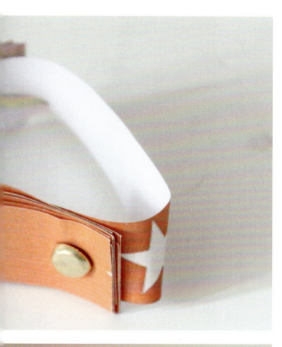

basteln Paper Globes

PAPER GLOBES 187

Feennacht

~•~

An warmen Sommernächten, wenn der Himmel klar und der Abend bis auf eine laue Brise windstill ist, veranstalten wir gemeinsam eine Feennacht.

~•~

Den Ausdruck Feennacht prägte unsere Tochter, als sie noch klein war. Eines Abends, mein Mann und ich saßen auf der Terrasse, ich hatte überall Teelichter angezündet, kam sie herunter, weil sie nicht schlafen konnte. Sie setzte sich ein Weilchen zu uns, betrachtete die Lichter und meinte irgendwann, wie schön sie in der Dunkelheit wären, fast wie kleine Feen, deren Flügel im Mondlicht glitzern. Eine richtige Feennacht wäre das.

Seither zelebrieren wir mit unseren Kindern die Tradition der Feennächte. In der Abenddämmerung zünden wir Kerzen und Teelichter an, setzen sie in Laternen und Lampions und verteilen sie überall im Garten. Einen Großteil davon übernehmen die Kinder selbst, auch unser Kleinster platziert die kleineren Laternen mit Hingabe im Gras.

Wenn alle Lichter verteilt sind und wie Feenflügel in der Nacht glitzern, setzen wir uns auf die Terrasse und erzählen uns Märchen und Geschichten. Lustige, aber auch gruselige, ganz wie die Kinder es sich wünschen. Manchmal backen wir Stockbrot über offenem Feuer und in mondlosen Nächten beobachten wir die Sterne und suchen nach Sternschnuppen. Jeder gefundenen Sternschnuppe geben wir unsere Wünsche mit auf die Reise. Wir sehen Fledermäuse, die in rasantem Tempo über unsere Köpfe huschen, so schnell, dass man sie kaum wahrnimmt, und wir freuen uns über die Glühwürmchen, die unseren Gemüsegarten besuchen.

An ganz besonders schönen Abenden holt mein Mann die Gitarre heraus und untermalt mit Musik stimmungsvoll den Frieden, den wir in unseren Feennächten genießen.

Der Hund legt sich zu unseren Füßen, die Katze jagt im Garten Nachtfalter, klettert in unsere jungen Bäume und bringt die Lampions zum Schwingen. Irgendwann legt sie sich einem der Kinder, die sich inzwischen in die selbst genähten oder gehäkelten Decken gewickelt haben, schnurrend auf den Schoß, und unserem Kleinsten, fest in meinen Arm gekuschelt, fallen die Augen zu.

Eine Feennacht nach Sonnenuntergang kann man auch ohne Garten und Balkon veranstalten! Am See oder auf einer duftenden Sommerwiese macht man es sich auf einer Decke gemütlich, entzündet ein paar geschlossene Laternen, knabbert Kekse und erzählt sich Geschichten.

Danksagung

Mein besonderer Dank gilt meiner Familie.

Meinem ältesten Sohn. Danke, dass du für mich Wind, Licht und Schatten beherrscht hast.
Du bist mein Zauberer.

Meiner Tochter. Danke, dass du all meine photographischen Ideen so wunderbar geduldig umgesetzt hast. Danke für deine eigenen Vorschläge, die so viele wunderschöne Bilder ergaben.
Du bist meine Elfe.

Meinem Jüngsten. Danke, dass du stillgehalten hast, wenn es nötig war, und die Welt für uns mit deinen Augen entdeckt hast.
Du bist mein kleiner Kobold.

Meinem Mann. Danke für deine Unterstützung und Bestätigung in jeder Phase dieses Buches.
Du bist mein bester Freund.

Ich danke euch. Ohne euch gäbe es heute kein epipa und kein Buch.

Mein Dank gilt Herrn Kroll von der Pflanzenfärberei Kroll für die freundliche Spende einer großen Kiste Baumwollgarn. Danke auch ganz herzlich an Frau Gehrmann von Frau Tulpe für ihre freundliche Spende eines Stoffpakets und der Jelly Roll.
Danke allen Freunden und Bekannten für ihre Leihgaben, wie beispielsweise das Silberbesteck, Stoppelfelder und Ponys.
Habt Dank für eure Gaben, wie z. B. das alte Geschirr, den Leiterwagen, den gelben Stuhl, Unkrautjäten, Zeit mit den Kindern und diese wundervolle Kamera als Leihgabe auf Lebenszeit.
Danke für das alles und vieles mehr.
Dankbar bin ich allen Flohmärkten dieser Welt, ohne die unser Zuhause nicht halb so viel Farbe hätte.
Last but not least danke ich meinem Verlag von Herzen dafür, dass er aus Bildern und Texten ein Buch gemacht hat, das für uns und dich, lieber Leser, Erinnerungen und Träume bereithält.

Impressum

Bibliografische Information der Deutschen Bibliothek.

Die Deutsche Bibliothek verzeichnet diese Publikation in der deutschen Nationalbibliografie.

Detaillierte bibliografische Daten sind im Internet über http://www.d-nb.de/ abrufbar.

Alle in diesem Buch veröffentlichten Abbildungen sind urheberrechtlich geschützt und dürfen nur mit ausdrücklicher schriftlicher Genehmigung des Verlags gewerblich genutzt werden. Eine Vervielfältigung oder Verbreitung der Inhalte des Buchs ist untersagt und wird zivil- und strafrechtlich verfolgt. Das gilt insbesondere für Vervielfältigungen, Übersetzungen, Mikroverfilmungen und die Einspeicherung und Verarbeitung in elektronischen Systemen.

Die im Buch veröffentlichten Aussagen und Ratschläge wurden von Verfasser und Verlag sorgfältig erarbeitet und geprüft. Eine Garantie für das Gelingen kann jedoch nicht übernommen werden, ebenso ist die Haftung des Verfassers bzw. des Verlags und seiner Beauftragten für Personen-, Sach- und Vermögensschäden ausgeschlossen.

Bei der Verwendung im Unterricht ist auf dieses Buch hinzuweisen.

EIN BUCH DER EDITION MICHAEL FISCHER

1. Auflage 2014

Alle Rechte dieser Ausgabe bei © Edition Michael Fischer GmbH, Igling

Alle Fotos und Texte: Sascia Anna Strohhammer
www.epipa.blogspot.de

Projektmanagement: Heike Fröhlich
Lektorat: Maren Partzsch, München
Covergestaltung: Tim Anadere
Layout: Tim Anadere, Bernadett Linseisen
Satz: Bernadett Linseisen

ISBN 978-3-86355-223-7

Printed in Slovakia

www.emf-verlag.de